杨红樱作品
——好词好句好段

叙 事 篇

李 虹 编

作家出版社

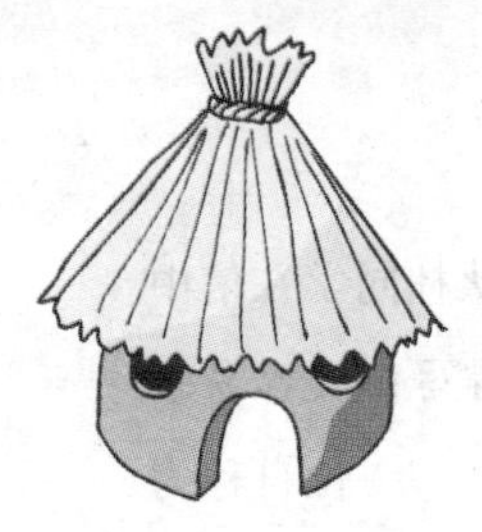

出版说明

李虹

杨红樱的童话和小说早已成为中国小读者的最爱。杨红樱的“铁杆”小书迷不仅遍布全国的各大城市,而且分布在许多中小城镇,比如东北的丹东、大庆,河南的新密、中牟,四川的邛崃、雅安、自贡、广元,等等。这些小书迷不仅读过杨红樱的每一本书,熟悉书中的每一个人物;而且总是期待着杨红樱有新作问世。几乎每一天,杨红樱都会收到小书迷的来信,比如,“淘气包马小跳系列”出版三年时间,已收到小读者来信近四万封。给小读者回信已经成为杨红樱生活中重要的、必须的内容。《杨红樱作品好词好句好段》丛书的编选和出版,正是缘起于小读者们的来信。

小书迷们从祖国的天南海北写给杨红樱的信,不仅如数家珍地品评杨红樱作品中的人物、故事,甚至图书的“图文搭配”,坦诚地描述自己的校园和家庭生活,倾诉自己内心的种种,而且竟能从杨红樱作品的阅读中体味到“写作的快乐”,并由衷欣喜地发现阅读杨红樱的作品十分有助于他们的作文和写作。

比如，江苏南通市城西小学四年级一班的纪秋林同学在信中说："杨红樱阿姨，我想告诉您，读了您的书，我觉得写作文容易多了。我读"马小跳丛书"时，还写了好几篇读后感呢。"一位自称为"您的忠实书迷"的女孩王娇娇在信中说："看了您的书我的作文成绩明显有提高，上个月我试着写了一篇小说投了稿，竟然投中了，我很高兴，还得继续努力。""综一小学五年级六班"的学生王婧在信中说："杨红樱阿姨，您知道吗？我以后长大的梦想，就是能像您一样，成为小朋友人人喜欢的作家。很多人都看重歌星，而我却看重作家，因为作家是惟一能帮我消除悲哀的人，您的作品也是如此。"

爱因斯坦说过，"热爱是最好的老师"。《杨红樱作品好词好句好段》丛书，希望以杨红樱作品中那些为小读者热爱的精彩片段，活跃他们的头脑，点燃他们的心灵，鼓励他们即刻动笔，从而引领小读者们学会观察并描述天气和景物、动物和植物、人物和事件；关注自己的内心，体味成长的经历，了解和认识自然、校园、家庭、社会和人生。

好书是一个人终其一生不离不弃的好友。阅读，并写作——无论是日记、读后感、作文，还是文学作品或任何的信笔涂鸦，将活跃和丰富我们的生活与心灵，锤炼我们灵魂的分量，从一点一滴至驶向远海。

孩子的欢迎就是最好的评价

——序《杨红樱作品好词好句好段》

王泉根

四川籍女作家杨红樱的作品持续受到广大小读者的欢迎，已成为新世纪中国儿童文学一道突出的风景。据资料，杨红樱现已出版50余种童话、儿童小说，其中，畅销的品牌书有："杨红樱校园小说系列"、"杨红樱童话系列"、"淘气包马小跳系列"、"笑猫日记系列"，总销量超过1500万册。由于缺乏统计资料，我不敢说杨红樱作品所拥有的"1500万册"这一天文数字是新世纪以来中国文学作品的发行量之最，但位居前列则是确切无疑的。在当下中国孩子中，几乎无人不知杨红樱的"马小跳"。2007年4月23日，《光明日报》公布了《配合"全民阅读活动"，新闻出版总署、中国作协、中国科协分别推荐10部少儿读物、长篇小说和科普图书的名单，在推荐的10部少儿读物中，就有杨红樱的《淘气包马小跳系列》。《光明日报》发表的新华社新闻通稿有如下文字："新华社北京4月24日电：今年'世界读书日'期间，中宣部、中央文明办、新闻出版总署等

17部门联合发起了以‘同享知识,共建和谐’为主题的全民阅读活动。为配合活动开展,新闻出版总署、中国作协、中国科协近日分别向社会公众推荐10部优秀少儿读物、长篇小说和科普图书。这些图书代表了近年来少儿读物、长篇小说和科普读物出版方面取得的成绩,受到广大读者的欢迎。”

一方面是超常规的发行量，小读者自掏腰包购买杨红樱的作品;一方面是中央部门向社会公众所作出的权威推荐。看来,杨红樱作品已是实至名归的“叫好又叫座”了。当然,文学鉴赏从来都是见仁见智的。就在新闻出版总署等向社会公众推荐杨红樱作品的同时,上海《中国儿童文学》季刊2007年第1期发表的题为《再论新世纪儿童文学的走势》一文,几乎将杨红樱作品一棍子打死,该文义正词严地声称:“读杨红樱的童书是‘伪阅读’……杨红樱的电视图像式作品正在被堂而皇之地用于语文教育（主要是语文课外阅读),对于本身就处于图像媒介泛滥之中的语文教育来说,这实在是太不幸、太荒诞了。如果归咎责任,我认为主要不在杨红樱身上,而是在盲目炒作的媒介,不负责任的、缺乏洞见的童书评论界,还有‘阅读’能力低下的成人社会(家长、教师),只贪图后现代‘图像’媒介的经济利益的儿童文化产业。”在此文作者看来,阅读杨红樱作品实在是一种愚不可及的行为，而向社会公众推荐杨红樱作品则是一群智力低下(“阅读能力”显然是最起码的智力)、不负责任、缺乏洞见、盲目炒作、只贪图钱财的人!

对杨红樱作品的评价竟有如此之大的反差：一方面是国家有关部门向全社会的郑重推荐与1500万册的销量;一方面是如此斩钉截铁的批倒批臭,彻底否定。看来,在整个中国儿童文学史上,除

了杨红樱,恐怕还没有第二人遭遇如此冰火两重天的待遇了。

到底该如何评价杨红樱的作品?在文学自由的年代,自然会有各种自由的言说和评判。但我却要问:杨红樱作品果真是如此恶俗低下、毫无价值吗?它给孩子们带来的到底是“善”还是“恶”、是“功”还是“罪”?在这里,我也要斩钉截铁地为杨红樱说句公道话:杨红樱,你大胆地往前走,孩子们的欢迎就是对你最好的评价!

儿童文学作品的价值与艺术魅力在其受到小读者喜欢的一刻就已体现出来了。一个儿童文学作家,难道还有比受小读者的追捧、欢迎更为得意与荣耀的事情吗?难道还有比能使小朋友衷情欢笑更值得幸福与高兴的时刻吗?中国著名儿童文学作家、诗人高洪波宣称:“儿童文学是快乐的文学,适合 9 到 99 岁的人阅读。”国际安徒生奖得主、意大利著名儿童文学作家贾尼·罗大里动情地说:儿童文学作家“带着激情,真诚地、富于想象地去寻找”,“去写能使孩子们欢笑的故事。世界上没有什么东西比孩子的笑更美的了。如果有一天,世界上所有的孩子都一起欢笑,所有的孩子,无一例外,那么这一天将是伟大的一天——让这一天到来吧!”

杨红樱的作品经过家长、老师的推介,至少能给 6000 万名孩子(以平均每本书有 4 位读者计算)带来欢笑,这难道不是一件大好事吗?或许那些批评杨红樱的专家先生们会说,那是自身“阅读能力低下”的家长、教师在愚弄孩子,那是孩子们的“傻笑”、“呆笑”、“憨笑”。但请不要忘了,购买、阅读这 1500 万册图书的孩子,不可能个个都是弱智。假如真是如同专家先生们担心的那样,那我们的中国实在太没有希望了。

一时代有一时代的文学,一时代也有一时代的儿童文学。遥想

当年安徒生童话刚刚出版时，丹麦上流社会就曾加以激烈地抨击与嘲笑，说安徒生童话根本“不合语法”，是不能登大雅之堂的下三流之作。但是，笑到最后的是安徒生，他的作品至今依然受到全世界孩子们的广泛欢迎。美国作家鲍姆1904年出版的童话《绿野仙踪》，在当时也曾颇受讥评。英国评论家约翰·洛威·汤森在2000年出版的《英语儿童文学史纲》中对此一直愤愤不平，他批评说：“美国童书权威对《绿野仙踪》一书作者法兰克·鲍姆的过于低估简直令人愕然。”在这些“权威”们的书评中，或是找不到鲍姆的名字，或是“给了他颇为轻蔑的一行”。这使汤森“忍不住怀疑这是否牵涉到下意识的势利眼心态”了。(台湾天卫文化图书公司2003年版《英语儿童文学史纲》第91~92页)我在这里不是拿杨红樱作品与安徒生、鲍姆相提并论，我想说的是：到底什么样的儿童文学才算好东西。前几年，曾有人抨击中国作家协会主办的“全国优秀儿童文学奖”的某些获奖作品发行量太少，是“叫好不叫座”，认为儿童文学评奖的重要指标应参考图书的发行量，参考受孩子们欢迎的程度。如今杨红樱的作品如此广泛地受到孩子们的欢迎却又被指斥为是“荒诞”、“不幸”。这是不是有点“叶公好龙”呢？不受孩子们欢迎不行，受孩子们欢迎也不行。那么，到底什么样的儿童文学才算好东西？难道一定要经过某些专家先生们点头的作品才能算是好东西吗？

由于篇幅的关系，我不打算在这里全面展开对杨红樱作品的评价，我想摘录前不久我在参加新闻出版总署“‘三个一百’原创出版工程”终评活动时所作的少儿类作品综评中，对杨红樱的一段评论：“进入新世纪，一个走向‘多元共生’的原创儿童文学新格局正

在形成。所谓‘多元共生’,是指儿童文学的创作形态、作品门类、艺术手段呈现出真正的‘百花齐放、百鸟和鸣’,而不是只有几朵花放,几只鸟鸣。这种‘多元共生’的新格局,首先表现在多层次的儿童文学创作景观。我国儿童文学较长时期内存在着‘两头大,中间小’的现象,即服务幼年期的幼儿文学与服务少男少女(中学生)的少年文学作家多,作品也多,尤其是少年文学,更是集中了一大批精兵强将;但服务童年阶段(小学生)的童年文学,则相对薄弱。这种局面的改善与四川女作家杨红樱的‘马小跳’走红有着密不可分的关系。杨红樱的小说创作有一个明确定位:服务、服从于童年阶段(小学生)的孩子,作品内容集中在小学校园生活与家庭社区生活,作品角色以小学生与老师为主,作品基调明朗、向上,作品风格追求幽默的、快乐的、轻松的,在娓娓道来的有趣故事情节中,融入一些浅近的立身、处事、为学的人生道理。虽然评论界对杨红樱作品有不同批评,但她的作品深受小学生年龄段的孩子们欢迎已成为不争的事实。‘淘气包马小跳’几乎成为孩子们无人不晓的文学明星。受到杨红樱作品走红的影响,近年来为小学生量身定做的作品越来越多,从而极大地改变了儿童文学‘两头大,中间小’的缺憾,我以为这是一件好事,有越来越多的作家合力打造小学生童年文学,儿童文学三个层次的均衡跃进势头自然是应有之义了。”

作家出版社是最早发现和热推杨红樱作品的出版社,可谓慧眼识珠。杨红樱的《女生日记》、《男生日记》、《漂亮老师和坏小子》、《五·三班的坏小子》等,都经由作家出版社的精编精印,送到广大小读者手上。如今,作家出版社又将出版由李虹博士在统阅了杨红樱所有作品之后,精心选编的《杨红樱作品好词好句好段》,我认为

这是一件有益于广大小读者(小学生)的好事。杨红樱的作品可以说是为小学生年龄段的孩子们量身定做的,她的小书迷与“粉丝”也主要集中在小学生群体。这套丛书分为写人、叙事、写动物、写景状物四册，将孩子们熟悉的杨红樱作品化解为具体的文学鉴赏和有助于提高作文能力的形式,这是很有意义的。

到底杨红樱的作品是不是“文学味寡淡”,“不值一读”?人们只要打开这套丛书就可以自己得出结论了,用不着我在这里啰嗦。当然,在文学大系统的分类结构中,杨红樱的作品属于儿童文学,具体细分,则属于儿童文学三个层次(少年文学、童年文学、幼年文学)中的童年文学范畴。因而,如果她的作品能对孩子们的文学鉴赏与作文能力产生作用的话,自然而然,也只是对他们的小学生阶段的学习产生影响。至于进入中学、大学以后,他们的文学鉴赏和写作能力的提升,自然需要阅读、借鉴更多的文学经典名著,从安徒生到莎士比亚,从鲁迅到曹雪芹,学无止境,书海无涯。人们在不同年龄段的阅读，自然会有不同的选择与收获，正如清代张潮在《幽梦影》中所说:“少年读书,如隙中窥月;中年读书,如庭中望月;老年读书,如台上玩月。皆以阅历之浅深,为所得之浅深耳。”愿这套《杨红樱作品好词好句好段》,带给广大少年儿童阅读的乐趣与提高写作能力、文学鉴赏能力的实实在在的好处!

2007-5-10 于北京师范大学文学院

(本序作者王泉根,北京师范大学文学院教授、博士生导师,中国儿童文学研究中心主任,亚洲儿童文学学会副会长)

目录

目录

目录

目录

校园生活

杨红樱的作品，无论是小说还是童话，都大量地描写了小学生的校园生活。她的关于校园生活的长篇童话，校园和人物都被笼罩在浓郁的幻想色彩中，却更加真实和强烈地反映了当下校园生活的现实。

校园生活部分分三个系列展现杨红樱作品描写校园生活事件的好词好句好段。

第一，课堂、校园和活动系列。课堂上那些或师生对峙，或群情激奋，或调皮捣蛋，或百无聊赖的难忘时刻；校园里每天都在发生的吸引人眼球的意外或不意外的事件，在这里层出不穷。"活动"一辑中记录了主题班会、纪念活动、庆典活动，节日里的联欢会、化装舞会等等妙趣横生的校园活动。

第二，男生们、女生们和男生 VS 女生系列，描写男生之间、女生之间、男生和女生之间发生在课堂、校园中的嘻笑怒骂、风波不断的关系。

第三，老师们、师生之间、老师和家长系列，着重刻画老师，以及老师与学生、老师与家长之间那些不同寻常的时刻。

谁说校园生活是简单、单调、单纯的呢！杨红樱以简洁、明快的叙述风格和幽默活泼的叙述语言，描述了无一日无波澜的校园生活。即使对小学生而言，校园也是一个世界，一个孩子们有生以来初涉的复杂多变的世界。这个围墙内的世界折射着外面社会的好与坏，是未来每个孩子都必将处身其中的成人世界的预演。杨红樱笔下的学生和老师形象，永远是这样情态毕现；杨红樱笔下的校园生活，永远是这样丰富多彩、情趣纵横。

课堂

1. 马小跳今天的词语听写得了一百分，这跟地球撞了火星一样，不能让人相信，但千真万确，马小跳今天的词语听写，确实得了一百分。

选自《淘气包马小跳系列·轰隆隆老师》

2. 袁小珠念不下去了，她哭了。她哭的时候像在笑，如果在平时，同学们早就笑得人仰马翻了。可是现在，没有一个人笑，教室里的空气就像凝固了一样。

选自《漂亮老师和坏小子》

3. 第二天上数学课，数学老师铁青着脸，走进教室，目光落到马小跳的身上，马小跳心惊肉跳。

“马小跳！”

数学老师把马小跳的口算本扔到马小跳的桌子上，马小跳只看了一眼，满眼都是红叉叉。

选自《淘气包马小跳系列·同桌冤家》

4. 今天的数学课上得特别好，好像我们都在给舒老师助威似的，只是气氛压抑使人喘不过气来了。

下课铃响了，舒老师忽然笑起来，说：“今天你们怎么一个个都像小大人似的，是不是太严肃了？”

没有人响应他幽的这一默。我猜想他还不知道将要发生的事吧？

选自《女生日记》

5. 秦老师要求同学们每天写一句话。她说：“能写好一句话，就能写好一段话；能写好一段话，就能写好一篇文章。”

马小跳就像挤牙膏一样，把肚子里的话每天挤一句出来。好多天过去了，马小跳肚子里的话也差不多挤光了。

选自《淘气包马小跳系列·贪玩老爸》

6.“耶！”

全班同学疯狂地敲着桌面。马小跳站起来，像获了金奖的世界冠军那样，满面笑容地向同学们挥手，点头致意。

“马小跳坐下！”

秦老师向马小跳皱皱眉头，她心想马小跳现在头脑发热，有必要向他敲响警钟。

选自《淘气包马小跳系列·同桌冤家》

7. 上数学课时，我特别观察了舒老师对南柯梦和小魔女的态度。每提一个问题，南柯梦都把手高高举起，一堂课里，舒老师竟请了她三次。南柯梦的语言表达能力极强，思路也十分清晰，她在回答问题时，舒老师总是向她投来赞许和欣赏的目光，而这个时候，我就会听见与我隔了一个过道的小魔女嘴里念念有词，我想她又在念咒语了，不觉轻声地笑起来。

选自《女生日记》

8. “轰”的一声，全班同学都笑了，有的笑得拍桌子，有的笑得流眼泪。

“不许笑！”手工老师大喝一声，然后一巴掌拍在孟小乔的课桌上，“孟小乔，你故意捣乱！”

孟小乔低着头，偷偷地看了手工老师一眼，不知是因为生气还是头发扎得太紧的缘故，手工老师眼睛眉毛都立起来了。孟小乔吓得自己都不知道自己在说些什么。

选自《那个骑轮箱来的蜜儿》

9. “路曼曼！”

路曼曼站了起来。刚才她心猿意马，不知道秦老师要她干什么。

马小跳悄声告诉她：“背诵课文。”

路曼曼松了口气，清了清喉咙，便流利地背诵起来。

课文背到一半，教室里就有笑声。秦老师那张一见到路曼曼就有喜色的脸，也变得难看起来。

选自《淘气包马小跳系列·同桌冤家》

10. 秦老师教语文课教了快三十年了，她是全校最有经验的语文老师，所以每学期她都要上一堂语文示范课给全校的语文老师看。秦老师是全世界最认真的老师，如果一篇课文需要三四个课时来完成，那么秦老师为了准备这堂示范课，至少得用七八个课时。所以在示范课之前，班上几乎每一个同学，都能把课文倒背如流，都知道秦老师会提什么问题，而且已经把这些问题的答案背得滚瓜烂熟。种瓜得瓜，种豆得豆，秦老师每次上的示范课都大获成功。

选自《淘气包马小跳系列·轰隆隆老师》

11. “在海的远处，水是那么蓝，像最美丽的矢车菊花瓣，同时又是那么清，像最明亮的玻璃……”龙督监念道，“……鲜红的太阳升起来了，在水上光耀地照着。它似乎在这位王子的脸上注入了生命。不过他的眼睛仍然是闭着的。小人鱼把他清秀的高额吻了一下……”

龙督监念得声情并茂，她完全沉浸在故事的意境中，她拿开书，看了一下坐在下面的鱼，他们也是如痴如醉。

选自《神秘的女老师》

12. 郝佳一站上讲台，没说几句就说到了女生的头发上："……开学已经一周了，可是有许多女生的头发还没剪，我们应该自觉遵守学校的规定。"

像往油锅里洒水，教室里一下子炸开了。男生们猛地反应过来，瞅瞅前后左右的女生，怪声怪气地说："都留这么长了，真是胆大包天，还不快剪掉！"

刘杨惠子一下子站起来："学校上学期规定我们剪头，这学期并没有规定，我们干吗要剪？"

选自《女生日记》

13. 小推车上摆满了各种各样的盘子和各种各样的瓶子。

金贝贝瞪着一双无比恐惧的眼睛，问杜歌飞："是不是要打针？"

米老师合上语文书，说："现在开始打预防针。"

两个戴大口罩、脸上只露两只眼睛的医生，手中举着注射器，那长长的、尖尖的针头在同学们的眼前晃来晃去。

选自《小男生杜歌飞》

14. 坐在马小跳前面的毛超一贯自作聪明，他扭过头来对马小跳说："秦老师的意思是说，把家庭隐私拿出来曝光。"

虽然毛超说的声音很小，还是被秦老师听见了。别看秦老师已经快到退休的年纪了，但如果有人在下面做小动作，还是很难逃过她的眼睛的；如果有人在下面小声讲话，也很难逃过她的耳朵。

"毛超，你的老毛病又犯了是不是？"

毛超的老毛病就是哗众取宠，废话连篇。

选自《淘气包马小跳系列·天真妈妈》

15. 数学老师开始公布上一周的名次表。

“第一名,倪倩倩。”

蜜儿看见,许多双嫉恨的目光投向倪倩倩,几乎没有一个人为她高兴。倪倩倩的嘴角虽然有一丝笑意,但这种笑也不是高兴的笑。这种笑有点冷,又有点狠的味道。

名次越往后面念,数学老师的声音越冷漠。蜜儿看见,名次在后面的同学都把头低着,很窘迫的样子。第二十三名的孟小乔,想要哭又哭不出来,只是觉得难受,难受得连死的念头都有。

选自《神秘的女老师》

16. 杜歌飞大踏步上了讲台,大声说道:“我长大了,想当一名红鼻头小丑……”

“哈哈哈!”

全班同学笑得前俯后仰。

有什么好笑的?

杜歌飞不理他们,继续讲道:“红鼻头小丑好了不起!他有一根魔棍,一舞,狗熊可以骑独轮车,山羊可以走钢丝;一舞,小狗可以做数学题;一舞……”

选自《小男生杜歌飞》

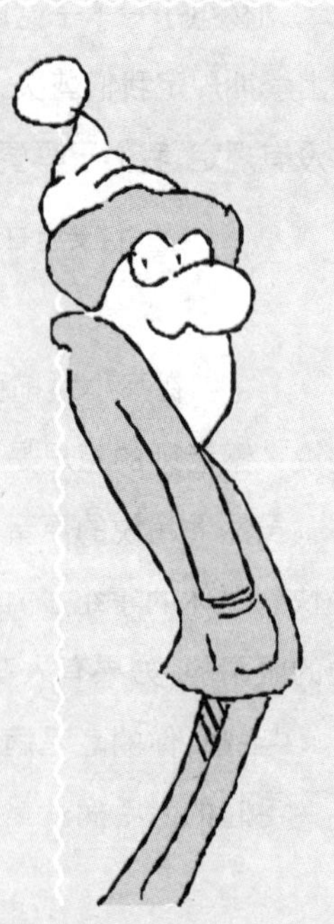

17. 孙老师站在讲台上，庄严宣布："全班抄书,从'黄土高原'抄到'江南水乡'。"

"妈呀——"

在我们痛苦的惨叫声中,孙老师带着胜利的笑容,走出了教室。

"这就是自相残杀的结果。"

鲁肥肥摆出事后诸葛亮的样子。

精豆豆跑过去拉拉他两只肥大的耳朵:"有什么高招,快说出来吧!"

鲁肥肥摇头晃脑:"知道什么叫法不治众吗?"

选自《女生日记》

18. 我们班在全校闻名，是因为有一个好名声和一个坏名声。好名声是思维活跃,坏名声是上课纪律不好。如果老师的课讲得生动,讲得有趣,与我们活跃的思维合得上拍,那么,课就会上得很好。如果老师上课照本宣科,讲得枯燥无味,那么这堂课就会闹翻天,上得一塌糊涂。

给我们上社会课的孙老师，戴着瓶底般厚的眼镜，看不出年龄,说他 30 岁也可以,40 岁也可以,50 岁也可以,我从来没见他笑过。他上课的时候,不是他照着书念,就是他叫我们照着书念,念着念着,全班就乱了套。

选自《女生日记》

19. 猪的鼻子最好画，一个圆圈，在里面点上两个点，就是两个鼻洞。马小跳搞不清楚猪是单眼皮还是双眼皮，干脆一只眼睛睁着，一只眼睛闭着，就成了挤眉弄眼，似笑非笑的猪样子。

马小跳没有画猪耳朵，他嫌猪耳朵太大太占地方，在一个球上画了三张挤眉弄眼，似笑非笑的猪脸。

马小跳把猪脸放在桌子上。猪睁只眼、闭只眼，有点邪乎地看着他，一脸坏笑的样子。马小跳哈哈地笑起来。

“啊！”

路曼曼尖叫一声，双手捂住了她的眼睛。另一张猪脸正对着她，像个流氓似的一脸坏笑。

选自《淘气包马小跳系列·轰隆隆老师》

20. 下午最后一节课的铃声一响，同学们便潮水般涌出教室，却被教社会课的孙老师堵在了门口，同学们便又像退潮的潮水，退回各个座位。

“我来收昨天罚你们抄的作业。”

孙老师的脸上仍然没有任何表情。

虽然我们都低着头，但是心里并没觉得怎么怕，也许都有鲁肥肥那句“法不治众”的话垫底。

孙老师双手抄在胸前，一副奉陪到底的模样。我们像木头人似的坐着，只有郝佳前后左右地张望着，显得格外地不安。

选自《女生日记》

21. 马小跳向秦老师揭发路曼曼：“她没有被选上大队委，她就不好好上课。”

秦老师的脸色更难看了：“路曼曼，是这样的吗？”

路曼曼的心里恨死马小跳了。

“我没有。”路曼曼不是那么容易被马小跳打倒的。她反戈一击，“马小跳故意让我出丑。是他叫我背课文的。”

秦老师的目光从路曼曼的身上转移到马小跳的身上，看得马小跳心里发虚。

“马小跳，下了课到我办公室去。”

选自《淘气包马小跳系列·同桌冤家》

22. 全班同学都在笑金贝贝。

金贝贝满脸通红，眼泪都快出来了。杜歌飞坐在那里，不说也不笑，很乖的样子。

“杜歌飞！”米老师也觉得杜歌飞今天有些反常，“你看见那块长脚的‘石头’没有？”

杜歌飞不说话，只是拼命地摇头，把头摇得像拨浪鼓。

同学们又笑金贝贝，笑她白日做梦说梦话。

金贝贝的泪水流了下来。她心里十分委屈，这“石头”本来就是杜歌飞带来的嘛，他怎么能说他没有看见呢？金贝贝发誓，一辈子不理杜歌飞。

选自《小女生金贝贝》

23. 熊老师经常是神出鬼没的。有同学背地里叫她“熊家婆”，结果一抬头，她正在你面前，你会吓得说不出话来。

一次上数学自习课，熊老师给我们布置了作业，然后就离开了教室。“猫走了耗子翻堂”，教室里立即成了开心自由大本营，做什么的都有。豆芽儿和米老鼠哪里闲得住，他俩索性上台表演起小品来。兔巴哥一会儿叫他们学大陆的赵本山，一会叫他们学香港的曾志伟，一会儿又叫他们学台湾的胡瓜，肥猫和几个男生在下面使劲地起哄。正闹得不可开交的时候，有人发现熊老师正在教室里。我们都感到奇怪，因为谁都没有看见她走进来，难道她是变出来的？

选自《五·三班的坏小子》

24. 萧依依坐下后，强迫自己集中注意力来听课。可是，书包里的那个怪东西在她的脑子里赶都赶不走。

当严老师转身去写黑板的时候，萧依依的手又伸进了书包里。她感觉到那怪东西在书包里乱窜，吓得她一跳，课桌和椅子又发出一声巨响。

严老师"呼"地转过身来，不说一句话，但有两道怒火从她眼睛里喷射出来。

全班同学的目光都集中在萧依依身上。

"萧依依，你太不像话了！"严老师声音低下去，而且一字一顿，这说明她的愤怒已经到了极点。"你以为你当上了校优干就可以骄傲了？自满了？我现在就宣布，取消你校优干的资格。"

选自《五·三班的坏小子》

25. 下午放学铃已响过很久了，孟小乔班上的同学都还坐在教室里等着语文老师和数学老师来给他们布置家庭作业。

长得又高又瘦的语文课代表豆芽儿提着一块两面都写得密密麻麻的小黑板进教室来了。

有同学问：“豆芽儿，今天的作业多不多？”

豆芽儿把小黑板挂起来。

“惨啰——”

全班同学一片唉声叹气。

选自《那个骑轮箱来的蜜儿》

26. 在离期末考试还有一个月的时候，严老师占了所有的体育课，全部用来复习语文；张老师占了所有的音乐课，全部用来复习数学。同学们脑袋里整天不是语文，就是数学，完全没有休息空闲的时候。回到家里，不是做语文作业，就是做数学作业，脑袋里也没有空闲的时候。

这天上午的第四节课又是体育课，本来大家已习惯了在体育课里上语文复习课，所以都没下楼去。不知是谁在黑板上写了这么几个字：

还我体育课!!!

一边打了三个惊叹号。于无声处响惊雷，积压已久的不满终于爆发出来了。

选自《那个骑轮箱来的蜜儿》

27. “谁在教室里睡觉？”

语文老师是个十分严肃的男老师，严肃得有点过分，平时难得见到他笑的。

学生们为了证明睡觉的不是自己，都把身子挺得直直的。孟小乔更是拼命地挺直，因为只有她知道，这呼噜是蜜儿打的。

蜜儿的呼噜声此起彼伏，很有节奏。

语文老师偏着头，仔细地听了听，这呼噜声确实就在教室里。他气得脸都变了形，声音变了调：“我教书十几二十年，从来没有哪个学生敢在我的课堂上睡觉……”

选自《神秘的女老师》

28. 当米老师把这个消息告诉我们时，引起了班上的一阵哗然。

乔丹叫得最凶：“都火烧眉毛了，还唱什么歌？”

马上就有人讥讽乔丹：“区三好，你是我们的榜样，可不要乱讲哦！”

其实，莫欣儿也是不愿意的。她虽然说得小声，但大多数人都听到了：“排练是很花时间的，肯定会影响毕业考试的成绩。”

鲁肥肥双手背在背后，迈着鸭子步走到莫欣儿的跟前，用语重心长的语气说道：“莫欣儿同学，你不要把成绩看得那么重好不好？”

郝佳仍是千变万化一张脸，你从她的脸上看不出她对参加合唱节的态度是愿意还是不愿意。

选自《女生日记》

29.“路曼曼说得很好。”秦老师看马小跳拼命地举手，不请他回答问题恐怕不行，“马小跳，你有什么要补充的吗？”

马小跳站起来说：“我觉得路曼曼今天没有昨天说得好，昨天她……”

秦老师变了脸色，她低声地命令马小跳坐下。

教室里一片哗然，听课的人面面相觑。不言而喻，马小跳的话泄露了天机，那位凯瑟琳夫人精通中文，她当然也听懂了马小跳的话。她耸耸肩膀，对坐在她身边的校长说：“校长先生，如果我没有理解错的话，刚才那个男孩子说那个女孩子，昨天比今天说得好，难道同样的课，你们的老师会重复地上几遍吗？”

选自《淘气包马小跳系列·轰隆隆老师》

30.“啊——”

路曼曼一声尖叫。

教室里本来十分安静，所以路曼曼这突然的一声尖叫，显得格外地刺耳。教室里骚动起来，很多同学都看见了珍珠兔，秦老师也看见了。两只珍珠兔受了惊吓，加上刚才又喝了酒，变得疯狂起来。

两只珍珠兔疯狂地奔跑。它们四条腿很短，身上的毛很长，所以看不见它们跑，倒像两个雪白的绒线球在地上滚。

教室里闹翻了天。全班同学都在追这两只珍珠兔，无论秦老师怎么喊“安静”，都安静不下来。

等把两只珍珠兔捉住，交到秦老师那里去的时候，秦老师已快气昏了。

选自《淘气包马小跳系列·轰隆隆老师》

31. 米兰刚一念完，教室里嘘声一片，都拿眼睛去看夏雪儿。

米兰说：“你们怎么评价这篇作文，可以各抒己见。”

左丸尾“咚”地一下站起来说道：“我给这篇作文判不及格。”

教室里人声鼎沸，还有人在拍桌子。

马老师皱着眉头，在姜校长的耳边说：“这叫什么课堂！”

“安静！静一静！”左丸尾索性跑到讲台上来，站在米兰的身边，“这篇作文构思独特，行文通畅，但是——”

左丸尾用手扶了扶往下滑的眼镜，拖长声音故意不往下讲，以引起大家的注意。这一招果然很灵，下面的同学都静了下来，等他往下讲。

选自《漂亮老师和坏小子》

32. 丁文涛已顺利地把数学作业交上去，马小跳他们自以为已躲过一劫，万事大吉，于是无忧无虑、欢天喜地地过了一个上午、一个中午。

就在下午放学铃声响起的时候，数学老师一脸冰霜，出现在教室门口。

出事了！一看数学老师这样子，就知道出事了。

马小跳手心出汗，毛超手脚冰凉，唐飞背脊发麻，这都是心虚的表现。如果真的出事了，这事情肯定跟他们有关系。

数学老师的嘴角垮下来，垮成一个下半圆：“马小跳、唐飞、毛超，还有丁文涛，你们到我办公室来。”

数学老师说完，转身就走。

马小跳他们几个灰溜溜地，往数学老师的办公室走。

选自《淘气包马小跳系列·小大人丁文涛》

33. 几个同学都没有把鸡蛋立起来，轰隆隆老师似乎格外开心。

“真的就没有谁可以把这个鸡蛋立起来吗？”

“没——有！”

全班同学拖声拖气地回答。

“啪”的一声，全班同学都吃了一惊。

轰隆隆老师像盖图章一样，把那个鸡蛋往桌上重重地一击——蛋壳碎了，鸡蛋却稳稳地立在了桌子上。

“看，这不是立起来了吗？”

哇噻，这么简单，怎么都没想到呢？全班同学都在唉声叹气，都在敲自己的后脑勺，都在怪自己的脑神经暂时短路。

轰隆隆老师似乎很喜欢看男生女生追悔莫及的样子。

选自《淘气包马小跳系列·轰隆隆老师》

校园

1. 马小跳再一次成为全校的风云人物。上一次是他当选为超级城市的市长，所以他已不是“一鸣惊人”，而是“二鸣惊人”了。

选自《淘气包马小跳系列·跳跳电视台》

2. 几乎所有的老师都认为，六·三班会在课间操的时候，给新来的米老师来一个下马威，他们都用眼睛的余光有意无意地瞟着六·三班，姜校长和白副校长眼珠子一动不动地盯着六·三班，他们也有些担心。

选自《漂亮老师和坏小子》

3. 听说六·二班的颜老师把那群跟六·三班打架的男生带回学校后，写检查请家长，一直折腾到晚上十点多钟。家长带着自己的孩子回到家后，还不算完。温柔的，一顿好骂；火爆的，一顿好打；还有爹妈混合双打的，真是没完没了。

选自《漂亮老师和坏小子》

4. 六·三班的男生女生哪里见过这种高水平的芭啦芭啦舞？他们也喜欢跳芭啦芭啦舞，不过觉得跳这种舞，比做那种中规中矩的儿童广播体操好玩，还可以自由发挥，还可以发泄，发泄各种各样的情绪，还可以出风头……但是今天，他们第一次看见芭啦芭啦舞可以跳得这样好看。

选自《漂亮老师和坏小子》

5. 突然有美女出现，操场上立即引来了一场眼球大战。玩篮球的不玩了，丢沙包的不丢了，爬云梯的也不爬了，就连在画白线的教体育的江老师，白线也不画了，眼珠子骨碌碌地跟着米兰转。

这时候，走在米兰后面的 H4 真是扬眉吐气，他们恨不得再绕着操扬走几圈，向所有的人展览他们的漂亮老师。

选自《漂亮老师和坏小子》

6. 言归正传。米兰的话题重新回到那个裸体的、正在撒尿的男孩子的身上:“不管这个故事是真实的,还是传说的,我觉得重要的是这尊雕像所体现的精神。他是一种象征。你们说说看,他象征着什么?”

大家开始用另一种目光,来重新审视这尊雕像。女生们也不再扭扭捏捏,装模作样,她们终于可以大大方方、坦坦然然地抬起眼睛,来正视这个裸体男孩了。

选自《假小子戴安》

7. 马小跳跳进了学校。

操场上,有两个班的学生在上体育课,看见马小跳这样跳进来,都像看电影一样看着他。

马小跳知道有人在看他,也知道他们的心里是怎么想的。他偏要演点戏给他们看。他一步一步地跳得很有力很坚定。两眼平视前方,目光也是坚定不移的。

马小跳看起来有些悲壮,像轻伤不下火线的样子。

选自《淘气包马小跳系列·轰隆隆老师》

8. 这几天，数学语文几乎天天都在考试，罗老师和舒老师似乎也没有过去那么潇洒了，学校里对毕业班非常重视，已经开始倒计时，天天都在强调抓紧再抓紧，奋战100天迎接毕业考试，老师们走路都在小跑。这样的气氛，就像战场上弥漫着硝烟，无论是老师，还是学生，都是潇洒不起来的。

选自《女生日记》

9. 日思夜想的事情，一旦变成为现实，反而令人难以置信。

大家梦想的，取消周考、月考、半期考，现在梦想成真。

大家梦想的，取消班级排名和年级排名，现在梦想成真。

“戴安，你说的是不是真的哦？”兔巴哥一副刚睡醒的样子，“我怎么觉得就像做梦一样？”肥猫在兔巴哥的腿上一拧，兔巴哥惨叫一声。

“现在是梦醒时分。”肥猫一本正经，“人家戴助理刚出席了校长助理办公会，还能有假？”

选自《假小子戴安》

10. 饭厅本来挺大，可是不知道为什么，学生们却喜欢在那里挤来挤去。每个人都像吃了炸药，突突突地往外喷怒火。

倪倩倩后来，也不排队，大模大样地横到别人前面，抢过勺子，把盆里的菜往自己的盘里舀。

庄梦娴一肚子的火正没地方发泄。她冲上去把倪倩倩拖到一边："怎么着你，考试考第一名，吃饭也要第一个吃呀？"

"我考第一名怎么啦？难道你考第二十五名还光荣啊？"

选自《神秘的女老师》

11. 蜜儿和龙校长走进餐厅。

地上，到处是骨头、葱节、姜片、香蕉皮……学生们把不吃的东西，通通扔在地上。龙校长踩在一块香蕉皮上，不是蜜儿及时扶住他，他就摔倒在地了。

龙校长惊魂未定，刚一转身，童童端着满满一碗排骨汤撞在他身上，排骨汤全部洒在他的身上，那条紫红色的手绣真丝领带，完全湿透了。龙校长在心里叫苦不迭，他有上百条领带，这可是他最喜欢的一条啊！如果今天不是和蜜儿共进午餐，他还舍不得系这条领带呢！

选自《神秘的女老师》

12. 坑填平了，蜜儿用伞尖一指，躲在墙外树上的龙校长看见，一股青烟从坑里冒出来，很快地消失了。

“好啦！”蜜儿的脸上露出笑容，“我们的不快乐已经死了，化作一缕青烟，消失得无影无踪。我希望你们每个人都快乐！我希望你们的每一天都快乐！”

孩子们站在那里，心里感动着。许多老师都对他们说过希望：“我希望你做一个好孩子！”“我希望你把学习抓紧一点！”“我希望你下次考试考好点！”“我希望……”他们有无数个希望，可是，从来没有一个老师对他们说过，“我希望你们每一个人都快乐！我希望你们的每一天都快乐！”

这些看起来已经被做不完的功课和没完没了的考试折磨得有些麻木的孩子们，其实是很容易被感动的。

选自《神秘的女老师》

13. 接下来的几天，每当进餐的时候，六年级班的学生们都能够看见他们的老师蜜儿和他们的校长龙先生准时出现在学生餐厅里。他们举止优雅，一看就是有身份、有教养的人。

孩子是最善于模仿的。他们每天都在模仿龙校长和蜜儿，他们想做有身份、有教养的人。

没有一句说教，只因为蜜儿的出现，龙校长的出现，六年级班的学生餐厅已成为小绅士、小淑女聚集的地方。

原来，自助餐能吃出这么多的风度，这么多的优雅来。

选自《神秘的女老师》

14. 接着，六年级班的学生们又做了许多心形风筝，风筝上拖着长长的飘带。他们让龙校长在飘带上写上："我爱你！"龙校长没日没夜地写，也不知写了多少。

在一个风和日丽的下午，六年级班的学生们把堆成小山一样的心形风筝搬到那片荒草地上。这片荒草地是蜜儿带给他们无限欢乐和制造梦幻的地方。他们把风筝一个一个地放飞在蓝天上。五颜六色的心形风筝越飞越高，飞向四面八方……

风筝飞进蓝色的天幕，在同学们的视线里渐渐地消失了。

选自《神秘的女老师》

15. 在红宫学校，蜜儿很少看见有人面带微笑。老师不微笑，学生也不微笑。而且，学生的年级越高，笑得越少。高三的学生，基本上就不会微笑了。

原来，龙校长是经常微笑的。他微笑着开车，微笑着走路，微笑着工作，微笑着进超市……到了红宫学校，龙校长脸上的微笑也渐渐褪去了，因为这里没有人微笑，只有他一个人在微笑，显得有点傻。

没有微笑的地方，蜜儿觉得有点冷。现在正是初冬的季节，本来就有点冷，没有微笑，就显得更冷。校园里的鲜花都凋谢了，只有成片的红梅和腊梅，但都还没有开放。

蜜儿百思不得其解。微笑对于一个人来说，跟空气、跟阳光一样重要，一个人怎么可以不微笑？

选自《神秘的女老师》

活动

1. 演出成功了！我们获得了演唱一等奖，米老师获得了指挥奖；莫欣儿获得了伴奏奖。

没有任何语言可以形容出我们当时欣喜若狂的表情和我们百感交集的心情。

选自《女生日记》

2. 比赛场上，乱七八糟，一塌糊涂。六年级的足球队本来就不屑于跟三年级的小孩子踢，他们无非是想踢踢那个签名足球。再加上这场比赛连个裁判都没有，三年级的小孩子一点规矩都不讲，满场子乱跑，用手抢球，生拉活扯地还进了四个球。最后，六年级的足球队居然以 2:4 输给了三年级二班的足球队。

选自《淘气包马小跳系列·笨女孩安琪儿》

3. 夏林果的生日会，本来只打算请一个男生——张达。结果唐飞用伤心的眼泪，让夏林果心软了；毛超胡搅蛮缠，让夏林果心烦了；马小跳嫁祸于路曼曼，让夏林果害怕了。总之，夏林果息事宁人地把他们都请了，虽然不是那么心甘情愿。

选自《淘气包马小跳系列·漂亮女孩夏林果》

4. 元旦的前几天，班上的好多同学都很高兴，因为元旦的庆祝会上，高年级的少先队员要给一年级新入队的少先队员戴红领巾。

杜歌飞却高兴不起来。他心里是很想戴红领巾的，他知道好学生才能戴红领巾，所以就努力地想表现好。不想弄巧成拙，接二连三地出错，连辛辛苦苦得来的三朵小红花也被米老师全部没收了。

选自《小男生杜歌飞》

5. 几天来的排练，使班上的气氛变得轻松和活泼起来，一扫开学以来的紧张和沉闷，生活的内容不再仅仅是作业和考试。因为有了共同奋斗的目标，同学之间的关系空前团结，不像前些日子，由于竞争激烈，同学之间勾心斗角，特别是那些成绩好的同学，一个个像斗鸡似的，有我没你，有你没我，水火不相容。现在罗老师住进了医院，全班48个同学更是团结得像一个人。

选自《女生日记》

6. 下了场，张达还是风光无限。女生们都围着他，给他喝矿泉水，用纸巾给他擦汗，夏林果竟蹲在地上为他系鞋带。

马小跳看不下去了，心中的妒火突突突地向外冒。平时，他最讨厌的人，就是到老师那里去打小报告的人，现在，心中的妒火已经把他烧昏了，他昏头昏脑地来到秦老师的跟前。

“秦老师，我要向你报告一件事情。”

选自《淘气包马小跳系列·四个调皮蛋》

7. “秦老师，马小跳说话了。”

秦老师就来警告马小跳：“马小跳，你要记住，你是一棵树，树是不能讲话的。”

乌龟和兔子开始赛跑。兔子骄傲了，在大树底下睡觉。路曼曼靠在马小跳的脚边，眯上了眼睛。马小跳的心里很有些不平衡：她这个主角当得太舒服了，在台上蹦蹦跳跳，风风光光，还可以靠在我马小跳身边休息。而马小跳脚都站酸了，却不过是个活道具。马小跳要使点坏，往后一退，路曼曼立即四脚朝天。

选自《淘气包马小跳系列·轰隆隆老师》

8. 米兰不是说说而已，米兰从来是说到做到。她准备就在这个周末，带六·三班的全体同学到离城仅一个小时车程的青城山去踏青。

米兰是在星期四下午放学的时候宣布这一决定的。六·三班的教室，立即成了欢乐的海洋。

尽管米兰一再强调，这次活动是自愿参加，但是没有一个同学是不愿意去的。特别是肥猫那几个坏小子，简直是浑身的血液都在沸腾。

选自《漂亮老师和坏小子》

9. 有同学已打听到，代表六年级参加全校比赛的是省电视台著名的少儿节目主持人尚丹丹，这可是一个强有力的对手。甚至六年级有个别张狂的同学已放出话来，说什么最后一轮比赛根本就用不着搞，直接把一等奖给尚丹丹得了。

这些张狂的话把五年级同学的肺都气炸了。他们和六年级同学较上了劲儿，也放出话，说叶朗是个秘密武器，到时候定把尚丹丹炸个落花流水。

选自《那个骑轮箱来的蜜儿》

10. 过了几天，各班选出来的美女在音乐厅集中。嘿，音乐厅简直成了一座百花争艳的花园，校长、教导主任、形体老师站在这些花朵一般的女孩中，挑来挑去，挑来挑去，把眼睛都挑花了，不知该挑谁好。“我看……我看……”校长的手指在空中画了一圈，突然，他眼睛一亮——萧依依又光又人的脑门儿把他的眼睛照亮了。

校长的手指向萧依依一点：“就是她！”

选自《五·三班的坏小子》

11. 假面舞会由圣诞老人肥猫来拉开序幕。他背着大口袋上场了，说因为他从天上来，所以给大家带来的礼物是一份“太空礼物”。肥猫弓着背，十分费力的样子，好像他背上的那个大口袋很重很重。

不知“太空礼物”是什么样的礼物，大家眼巴巴地盼望着。

肥猫开始分发“太空礼物”，结果是每人一小包爆米花。

女生们尖声叫着，人呼上当受骗，骂肥猫“小气鬼”。肥猫却开心死了，笑得粘在脸上的白眉毛、白胡子都落了下来。

选自《假小子戴安》

12. 夏雪儿有了一个创意："在女生节那天，男生应该帮女生实现她们心中的愿望。"

肥猫马上叫起来："我们怎么知道你们心中的愿望是什么？"

"就是，我们又不是你们肚子里的蛔虫。"

豆芽儿总是充当跟屁虫和应声虫的角色。

"这要看你们是不是心诚。"夏雪儿故意要刺激男生，"以你们的智慧，要知道女生心中的愿望，还不容易？"

谁都不愿意承认自己没有智慧。对夏雪儿的话，男生们乖乖地言听计从。

选自《假小子戴安》

13. 这几天，七·三班的每个人都变得神秘兮兮的，似乎每个人的心中，都藏着一个秘密。

每个人都在绞尽脑汁，想圣诞夜的假面舞会上，穿什么样的服装、梳什么样的发型、化什么样的妆，戴什么样的假面具，把自己伪装起来。一门心思的，就是要让别人认不出来。

还有一件事情让大家绞尽脑汁，就是准备挂在圣诞树上的礼物。每个人都想自己送出去的礼物，叫人大吃一惊，最好是人家有生以来就没见过的礼物。

选自《假小子戴安》

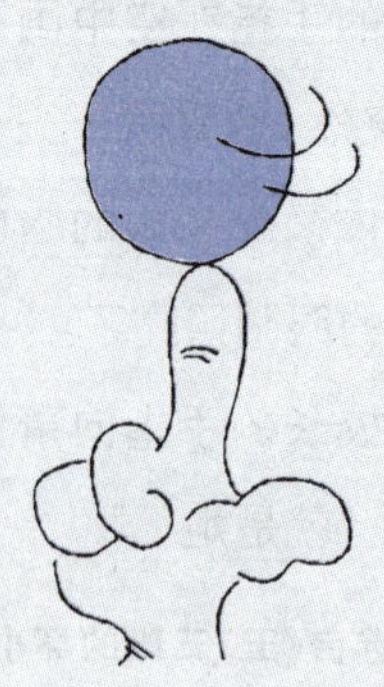

14. 丁文涛说他们不懂辩论会的规则。

“说，什么规则？”

“这个规则不是各行其是，不是南辕北辙，不是心想事成，不是痴人说梦……”

“住口！”马小跳大喝一声，“你说谁是‘痴人’？”

“痴人”就是“傻瓜”、“笨蛋”、“愚蠢的人”，他们都懂。

看到马小跳的眼睛里在喷火花，张达也握紧了拳头，丁文涛的心里又冒出一个成语来——“识时务者为俊杰”，再饶舌下去，他就真成“痴人”了。

选自《淘气包马小跳系列·小大人丁文涛》

15. 主持人站在讲台中间，拖声拖气地高喊一声：“请猪方代表队出场！”

唐飞来了一段又笨又慢的音乐。

丁文涛、路曼曼和夏林果出场了，他们都戴着头饰，头饰上是笑眯眯的猪脸。

“请狼方代表队出场！”

唐飞来了一段很恐怖的音乐。

马小跳、张达和毛超一出场，便引起哄堂大笑。他们的头上也戴着头饰，头饰上是狰狞的狼脸。为配合唐飞那段很恐怖的音乐，他们做出张牙舞爪的样子。

选自《淘气包马小跳系列·小大人丁文涛》

16. 上午九点，玛丽女士乘着一辆蓝色轿车准时到达学校。当满头银发、身材高大的玛丽女士从轿车里出来时，献花的小女生飞快地向玛丽女士跑去。她没有抬下巴，身子也没有向前倾，也没有一路小跑，而是一手抱着鲜花，一手提着裙子，埋头飞跑。

玛丽女士一看见这个几分拙稚，但十分可爱的女孩儿，涂得红红的嘴唇立刻惊喜成一个圆圆的O。当小女生跑到玛丽女士的身边时，长裙子绊了她一下，玛丽女士张开双臂迎上去，小女生倒在她的怀里。小女生仰起脸儿，咧开缺了两颗门牙的嘴巴甜甜地笑了。玛丽女士在她右边的脸蛋儿上亲了一下，又在她的左边脸蛋儿上亲了一下。

选自《五·三班的坏小子》

17. 这个剧的主角就是那只神奇的猫。谁来演这只猫呢？许多同学，包括严老师都不约而同地想到了肥猫，因为他长得像猫嘛。

“让我演猫，有没有搞错哇？”肥猫端起架子来，“我这样子，这身段像是演猫的吗？真是大材小用。”

我说：“你不像猫像什么？”

“像国王。”肥猫抬起下巴，挺起肚子，“我要演国王。”

肥猫说他像国王，还真的像国王。我们在电影电视里看见的国王，基本上都是像他那样肥头大耳、腆着个大肚子的。这个剧的导演是我，副导演是欧亚菲，我俩商量了半天，最后决定让肥猫演了国王。

选自《五·三班的坏小子》

18. 比赛开始了，五·一班一直冲在最前面，我们班紧跟在后面，但我们拉拉队都坚信我们五·三班能够战胜五·一班，因为我们班有兔巴哥。只要兔巴哥一上，我们五·三班便稳操胜券。

糟糕，米奇掉棒了。五·二班赶上去了，五·四班追上来了，我们班落在了最后。

“米老鼠真讨厌！”

“本来就不该让米老鼠上！”

同学们都在抱怨米老鼠。但我们还没有完全灰心，因为飞毛腿兔巴哥还没上呢！

“兔巴哥，准备上！”

终于轮到兔巴哥上了。当他接过接力棒，使跑得像一只从笼子里放出来的兔子那样快。

选自《五·三班的坏小子》

19. 一个惊人的消息也通过欧丽和余洋在同学们中间悄悄地传播着。

"喂,等着看一场好戏吧!"

"什么好戏?"

"孟小乔编剧、导演的童话剧。"

"那个胆小鬼,能编剧,能导演?"

"你们想知道这场好戏的演员都是些谁吗?"

"别卖关子了,快说吧!"

"除了胆小鬼,还有胡傻儿、侯肥肥、黄结巴、淘气王。"

大伙笑作一团,都巴望着早点看这场好戏。

孟小乔他们也听到一些风言风语,可是他们的脑子里全是自信的念头,所以毫不理会这些冷嘲热讽,仍然天天坚持排练。

选自《那个骑轮箱来的蜜儿》

20. 马小跳当众出丑!

他惊天动地地忙了一阵,结果相机里连胶卷都没有。而人家丁文涛,神不知鬼不觉,用那部巴掌大的数码相机,一口气就给夏林果拍了一百多张。

最要命的是,这时候,夏林果还没来得及卸装,穿着那雪白的舞衣、雪白的芭蕾舞鞋,就朝马小跳跑来了。

"马小跳你给我拍了多少张?"

"两百多张。"丁文涛抢着回答,"不过都是空镜头。"

选自《淘气包马小跳系列·漂亮女孩夏林果》

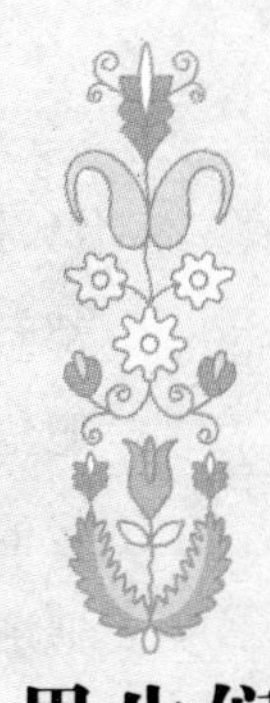

男生们

1. 第二天在学校里，米老鼠他们几个见肥猫不说不闹，有洗心革面、重新做人的趋势。米老鼠就推断道：肯定是昨天米老师去肥猫家家访后，肥猫的爸妈又是一场男女混合双打，所以今天才变得这样老实。

选自《漂亮老师和坏小子》

2. 肥猫带着米老鼠，满校园里疯跑，去找李小俊。找到李小俊，他俩虎视眈眈地对着李小俊直喘粗气。

气喘够了，肥猫说：“中午放学，我们约个地方。”

不知这两个坏小子又有什么新花招。但现在李小俊已经不怕他们了，怎么着他都奉陪到底。

选自《漂亮老师和坏小子》

3. 米兰带着六·二班和六·三班的男生们走出活水公园。

刚才还打得不可开交，现在六·二班和六·三班的男生们已亲如兄弟，勾肩搭背，好像什么事都没有发生过。

这时候，穿着高跟鞋的颜老师才跌跌撞撞地赶来。因为生气，她脸上的五官都变了形。

选自《漂亮老师和坏小子》

4. 肥猫病了，鼻孔出气不畅，说话瓮声瓮气，一天到晚，都有清花亮色的鼻涕在流淌。肥猫的锻炼停了下来，头重脚轻的，走路都在打晃晃，怎么锻炼?

选自《漂亮老师和坏小子》

5. 这一天对马小跳来说，简直是暗无天日——错了五十三道题，每错一道题，罚做十道题。你算一算，马小跳被罚做了多少道题?

这次教训是深刻的，也是难忘的。马小跳以后做口算题，就会想到那暗无天日的一天，再也不敢大意，更不敢去对路曼曼的答案，他怕再次遭到暗算。

选自《淘气包马小跳系列·同桌冤家》

6. 河马张达和猿猴毛超也不敢小看唐飞了。平时，唐飞总像跟屁虫似的跟在他们三个后面，被他们呼唤来使唤去：他们踢足球，他给他们扛书包；他们打水仗，他给他们看衣服……如果现在谁要使唤唐飞，他会扔几颗钢珠在嘴里，嚼得嘎嘣嘎嘣响。然后，斜起眼睛，抬高了下巴看着你："谁敢嚼钢珠，我就听谁的。"

选自《淘气包马小跳系列·四个调皮蛋》

7. 这件事显然是秦老师和路曼曼错怪了马小跳。马小跳都想好了，如果秦老师和路曼曼向他承认错误，请求他的原谅，他是会原谅他们的。结果是马小跳自己在那里想入非非，秦老师和路曼曼并没有向他承认错误，更没有请求他的原谅。想想也是，秦老师是老师，路曼曼是好学生，怎么可能向他马小跳承认错误、请求他的原谅呢？

选自《淘气包马小跳系列·轰隆隆老师》

8. 马小跳每一天都过得很愉快。如果说他有那么一点点不愉快的话，那肯定都是因为路曼曼。

路曼曼是马小跳的同桌，是班主任秦老师派来监视马小跳的。她有一个小本子，专门用来记录马小跳的不良表现。每天下午放学前，她都把这个本子秘密地交到秦老师那里。所以马小跳经常在办公室罚站，经常写检查，他的检查写得比作文还好，行云流水，语句通顺得不像是一篇检查，倒更像是一篇有感而发的散文，这都是因为熟能生巧，从一年级就开始写检查，一直写到现在，早就练出来了。

选自《淘气包马小跳系列·轰隆隆老师》

9. 几个大男生摩拳擦掌，一步一步朝他们逼过去。

唐飞和毛超一步一步地后退着。只有张达站在那里，原地不动。

马小跳心里想着“好汉不吃眼前亏”，本来也要后退的，忽听夏林果在他后面说了声：“马小跳上！”

马小跳豁出去了！

他闭紧双眼，两只拳头噼里啪啦地捶打自己单薄的胸脯，嘴里哇啦哇啦地乱叫，迎面向他们冲去。

选自《淘气包马小跳系列·宠物集中营》

10. 毛超也感冒了。平时他总是脚不停，手不住，像动物园里的猴子，所以，大家都叫他“猿猴毛超”。教过这个班的老师，都说猿猴毛超有“多动症”，他妈妈带他到医院里检查了好多次，医生却说他没有“多动症”，只不过精力旺盛而已。现在他感冒了，长长的围巾在他那细细的脖子上缠了几圈，两条又浓又黏的鼻涕，像双龙出洞，刚在鼻洞那里探出头来，便被猿猴毛超哧溜一声吸进去。他一动不动地坐在座位上，下课的时候，也懒得动。

选自《淘气包马小跳系列·贪玩老爸》

11. 张达和毛超放开唐飞。其实我看出来了，当他们俩紧紧抱住唐飞的时候，唐飞摆出要拼命的架势，真的把他放开了，他又不想打了。马小跳其实也不想打。但不打不行，张达和毛超的四只眼睛盯着呢，还有我的两只眼睛也盯着呢。

于是，马小跳和唐飞打成一团，在地上滚来滚去。他们打得懒洋洋的，我们也看得懒洋洋的。打完后，他们俩果然又和好如初，勾肩搭背地离开了。

选自《笑猫日记·想变成人的猴子》

12. 马小跳果然要跟毛超拼命，张达却拦住他，要他说清楚："你为什么……不选夏林果当……班花？"

"不选她就是不选她。"马小跳想起了夏林果蹲在地上，为张达系鞋带的情景，想起了夏林果请张达帮她吃鸡蛋的情景，当然也想起了夏林果像看傻瓜一样看他脑门上敲鸡蛋的情景，想起了夏林果脑后的"马尾巴"抽在他脸上的情景……"她丑，她难看，她是个恐龙！"

恐龙是最丑的丑八怪。

马小跳一吐为快，终于把这几天积在肚子里的气痛痛快快地发出来了。

选自《淘气包马小跳系列·四个调皮蛋》

13. 在去校长办公室的路上，英花轮用教训的口吻对肥猫和米老鼠说，在校长面前，一言一行都要非常非常地注意，一定要给校长留下一个好印象。

“你看你，将军肚子挺起，拜托你收收腹好不好？”

英花轮一巴掌拍在肥猫的肚子上。肥猫一收腹，屁股又撅起来了。米老鼠龇着大门牙笑起来。

“还有你，米老鼠，你能不能把嘴闭紧，不要把你的门板牙露在外面？”

米老鼠使劲地用嘴唇把大门牙包起来，这样就更像米老鼠了。

选自《漂亮老师和坏小子》

14. 校门口站着六·三班的H4，这几个坏小子对老鱼头来说，真是再熟悉不过了。从上一年级起，他们就跟他捣乱。他们说他的眼睛鼓得像鱼眼睛，“老鱼头”就是他们给叫出来的。

他们这么早就到学校来，不知道又要干什么坏事？老鱼头鼓着眼睛，拿着一把长扫帚在他们的脚边扫来扫去，监视着他们的一举一动。

老鱼头看他们的样子像在等人，那豆芽儿的脖子本来就又细又长，现在他拼命地张望，脖子就显得更细更长了。

选自《漂亮老师和坏小子》

15. 唐飞一副志在必得的样子，斜着眼睛看马小跳："你找谁来证明你妈妈是全世界最漂亮的妈妈？"

马小跳找不到人来证明。因为宝贝儿妈妈从来不到学校里来，她不敢来，她怕遇见秦老师时，秦老师会像训马天笑先生那样训她。这都怪马小跳，谁叫他是个淘气包！

"如果你找不到人证明，你必须承认我妈妈是全世界最漂亮的妈妈。"

长得像企鹅一样的唐飞挺着肚子，那样子太不可一世了。马小跳的拳头已经攥紧了，恨不得一拳打在他的肚子上。

选自《淘气包马小跳系列·天真妈妈》

16. 马小跳一拳打在唐飞的肚子上！——谁叫他说宝贝儿妈妈是妖怪，马小跳不跟他拼命才怪呢！

唐飞抱着肚子哎哟哎哟地叫，毛超和张达都去扶他，马小跳也有点傻了。

趁马小跳没防备，唐飞一头撞在马小跳的肚子上。

马小跳抱着肚子哎哟哎哟地叫，安琪儿又去扶马小跳。

马小跳和张达打过架，和毛超打过架，和班上的好多男生都打过架，就是还没跟唐飞打过架。现在，唐飞的肚子被他打了一拳，他的肚子被唐飞撞了一头，算是扯平了。

选自《淘气包马小跳系列·天真妈妈》

17. “丁文涛！丁文涛！下午放学后，你不许回家！”

马小跳扬眉吐气，一副翻身得解放的样子。

“莫名其妙，神经兮兮，一派胡言，不知所云……”

丁文涛像鱼吐泡泡，吐出一串成语。

“下午放学后，秦老师要把你留下来，给你开小灶。”

“给我开小灶？”丁文涛忽地站起来，眼镜滑落在鼻尖上，“马小跳，你有没有搞错？秦老师是给你开小灶，还是给我开小灶？”

选自《淘气包马小跳系列·超级市长》

18. “我早就说过，你们两个是成事不足，败事有余……”

英花轮气急败坏，姜校长这步棋就这样给走死了。

“你还不是一样！”肥猫的唾沫星子溅了英花轮一脸，“‘地方支援中央’，是谁讲的？”

“肥猫，你脑袋是不是进水了？”米老鼠摸摸肥猫的脑袋，“我们是来找姜校长说米老师的，你怎么说到姜校长的头上去了？”

肥猫也后悔死了，恨不得一头撞在前面的那棵银杏树上。不过肥猫不会真撞，在这个世界上，他第一怕死，第二怕痛。

选自《漂亮老师和坏小子》

19. 豆芽儿和米老鼠一人吊住肥猫的一只膀子，争先恐后地问道："肥猫，米老师要到你们家去家访呀？"

"去去去！"肥猫一甩膀子，"烦不烦？"

米老鼠被甩到一边去了，豆芽儿被甩得一屁股坐在了地上，肥猫双手一背，迈着鸭子步，埋头往前走。从背后看，像一只沉默的，颇有思想深度的鸭子。

"肥猫！"

米老鼠和豆芽儿追上去。一想到肥猫今晚又将挨打，两个人心里都在偷着乐。然而，在他们的脸上，不但没有表现出一丝一毫的喜色，反而是太夸张的悲哀，深表同情的样子。

选自《漂亮老师和坏小子》

20. 马小跳把他的愿望又说了一遍，然后递上那包牛肉干。

"唐飞，你同意了？"

"我同意什么啦？"唐飞往嘴里扔着牛肉干，就是我同意了，秦老师也不同意。"

马小跳想入非非："如果你主动去跟秦老师说，把夏林果让给我……"

"马小跳！我警告你，你再说让我把夏林果让给你，我就……"

唐飞平时懒洋洋的，脸上没什么表情，现在他脸上的表情挺吓人的。可马小跳不怕他，他把脸迎上去："你，你就怎么样？"

"我就打你！"

唐飞还真打，一拳打在马小跳的鼻子上，把马小跳的鼻血打出来了。

选自《淘气包马小跳系列·漂亮女孩夏林果》

21. 班上的四大金刚——嘴巴大得像河马的张达，瘦得像猿猴的毛超，胖得像企鹅的唐飞，淘气包马小跳，他们最见不得有人欺负安琪儿。在他们的眼里，安琪儿是个需要人保护的弱者。

四大金刚像救火车一般冲了过来，正好听见丁文涛那番“天使不可以跑到地上”的话。

“怎么不可以？”猿猴毛超偏要跟丁文涛唱对台戏，“你没听说过天使降临人间吗？”

丁文涛急了：“谁……谁见过天使降临人间？”

河马张达拍拍胸脯：“我们都见过，是不是？”

四大金刚随声附和，全部都说见过。他们还说丁文涛见识太少、孤陋寡闻、才疏学浅、井底之蛙……

丁文涛哪里招架得住，只好在几个女生的掩护之下，逃之夭夭。

选自《淘气包马小跳系列·笨女孩安琪儿》

22. 肥猫挽起衣袖，亮出他胖胖的胳膊，迈着像重量级摔跤选手那样的步伐，向米老鼠走去。

米老鼠自有办法对付肥猫。

还没等肥猫走到他的跟前，米老鼠就迎上去，把肥猫拉到一边。

“你怎么办？”

米老鼠装出一副火烧眉毛的样子。

肥猫莫名其妙，一脸雾水：“什么怎么办？”

“严老师要请你的家长到学校里来。”

肥猫一脸苦相，不仅放过米老鼠，还向他讨起主意来。

“你说怎么办？”

米老鼠和肥猫勾肩搭背，亲亲热热地向操场走去。

选自《五·三班的坏小子》

23. 如果这是真的，等于是雪上加霜，等于是在马小跳的伤口上撒盐巴。

马小跳一定要唐飞亲口承认这是真的，他才肯相信。

“当然是真的。”唐飞一副没心没肺的样子，“马小跳，你看你的表情，那是相当地奇怪。”

又一次遭到唐飞的背叛，马小跳肺都气炸了。

“唐飞，从此以后，我要跟你一刀两断。”

唐飞永远是你生气，他不生气。

“马小跳，你以为没有你，地球就不转了？如果你真有这样的想法，那是相当地可笑。”

这一次，张达和毛超都站在马小跳一边。他们都说唐飞不该承认路曼曼是“跳跳电视台”的台长。

马小跳很容易感动。他被张达和毛超的忠诚感动得热泪盈眶，眼泪都要流出来了。男儿有泪不轻弹，马小跳使劲地把眼泪憋回去，跟张达和毛超，分别来了真情拥抱。

选自《淘气包马小跳系列·跳跳电视台》

24. 眼看着快打上课铃了，米老鼠急起来：“米老师，你到底对毛志达的感觉怎么样？”

“感觉很好啊，但不是心动的感觉。”

兔巴哥搞不懂了：“很好的感觉和心动的感觉有什么不一样？”

“当然不一样哦！很好的感觉可以对谁都有，但只有对你心爱的人，才可能有心动的感觉。明白了吗？”

兔巴哥还是不明白，但米兰已飘然离去。

米老鼠是明白的，所以他为毛志达感到悲哀：“唉，毛志达是没戏了。”

兔巴哥想吃了毛志达那么多东西，心里很有些过意不去。

“米老鼠，我们再帮帮毛志达吧！”

“怎么帮啊？”米老鼠恨兔巴哥脑子不开窍，“米老师对他没有心动的感觉，帮也是白帮。”

选自《漂亮老师和坏小子》

25. 鲁肥肥使劲摇头，脸上肥嘟嘟的肉晃荡起来：“你的表妹长得还可以，就是太做作，总想出风头。”

古龙飞说：“鲁肥肥喜欢聪明的女孩，莫欣儿怎么样？”

鲁肥肥还是摇头：“莫欣儿是太聪明了，哪里敢喜欢？只有敬而远之，敬而远之……”

“我不信，就没有你喜欢的女生？”精豆豆逼着鲁肥肥，“哥们儿太不够意思了，我们都说了，你不说。”

鲁肥肥的眼光躲躲闪闪，话也说得结结巴巴：“……那我就实话实说——冉冬阳。”

又有一个喜欢冉冬阳的，而且还是我最铁的哥们儿。说的是不犯酸劲儿，但心里还是酸溜溜的。冉冬阳确是那种有魅力的女孩，她不是特别漂亮，但却十分禁看，是那种与她相处的时间越长，越觉她好看的女孩，我想这跟她的性格有关系。大方、自然、亲切，不像那些长得漂亮或自恃聪明的女生，总给人一种咄咄逼人的感觉。

该轮到古龙飞说了。其实我们都知道，他一直喜欢沙丽。沙丽笑起来很灿烂，像明媚的阳光，照到哪里哪里亮，如果让她跟冉冬阳一块儿去，我想是没有人会拒绝她们带去的一番好意的。

选自《男生日记》

女生们

1. 戴安自己把自己变成了假小子。她跟男生打架，总是她赢多输少，班上的男生在她面前只能甘拜下风，尊称她一声“戴大侠”。作为一个私生女，戴安很好地保护了自己，几乎没有受到过别人的欺负。

选自《假小子戴安》

2. 戴安不屑跟女孩子玩，却跟班上最漂亮的女生艾薇成了最好的朋友。只因为戴安侠肝义胆，她看不惯那几个坏小子经常捉弄艾薇，便仗义地做了艾薇的“护花使者”。有她在艾薇的身边，那几个坏小子只能望而却步，就是“美女与野兽”之类的流言，也只能背地里说说而已。

选自《假小子戴安》

3. 七·三班的出来了！

李小俊妈妈最先看到的就是戴安。她比班上的同学都高，亭亭玉立，引人注目。

李小俊妈妈从靠椅上站起来，大义凛然，迎面朝戴安走去。

选自《假小子戴安》

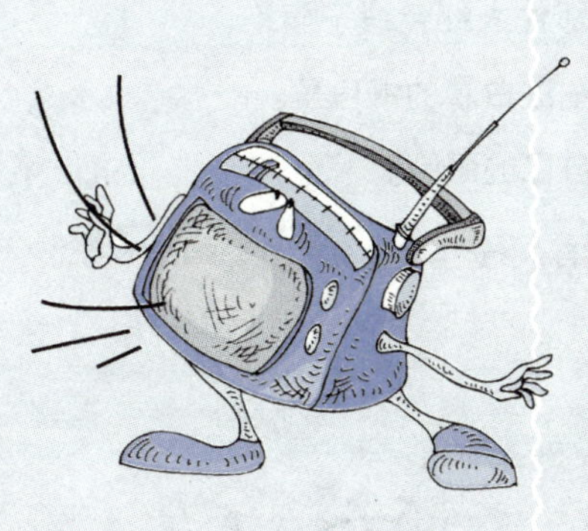

4. 在班上，金贝贝有一个好朋友叫吕小童。她们是怎样成为好朋友的呢？因为她们俩都喜欢芭比娃娃，都喜欢给芭比娃娃穿衣服，还经常交换衣服。金贝贝的晚礼服换给吕小童的芭比娃娃穿，吕小童的白婚纱换给金贝贝的芭比娃娃穿。就这样，她们成了形影不离的好朋友。

选自《小女生金贝贝》

5. “我……”郝佳脸涨得通红，像做了什么见不得人的事，“我抄了。”

郝佳的话使大家觉得又吃惊又在情理之中。老师的话对郝佳来说就是圣旨，从来都是遵命，不敢违抗。在老师的眼里，郝佳几乎是一个没有缺点的学生；在我们的眼里，郝佳的缺点恰恰是她没有缺点，因为活生生的人总是应该有缺点的。

选自《女生日记》

6. 上完音乐课，吕小童拉着金贝贝就跑。跑到教室，吕小童让金贝贝守在教室门口。

“你要干什么？”

金贝贝不知道吕小童为什么这样神秘兮兮的。

“如果有人来了，你就唱歌。”

吕小童跑到白霜的座位上，从她的书包里拿出那个羽西娃娃，飞快地脱下那件大红色缎子旗袍，然后把光着身子的羽西娃娃塞进白霜的书包里。

金贝贝吃惊得不敢相信自己的眼睛。

选自《小女生金贝贝》

7. 这几天我发现小魔女刘杨惠子对我很冷淡，对我爱理不理的。莫欣儿说小魔女对她也那样，她去请小魔女参加生日 Party，她一口就回绝了。沙丽也被小魔女搞得莫名其妙，以前她们总是形影不离，现在小魔女不但独来独往，还对她怒目而视。

选自《女生日记》

8. 只有刘杨惠子没有剪短发。你只看看她的名字，就知道她是多么地与众不同。刘杨惠子一直喜欢梳马尾发型，因为她有一个很好看的额头，马尾发型能够把她那鼓鼓的额头充分地突出出来。

然而，刘杨惠子坚持了一天，就扛不住了。她几乎成了全校闻名的人物。刘杨惠子就是剪头发，也要剪得与众不同，她剪了个小男式，跟她那大脑门儿、小脸蛋儿一配，俏皮极了。

选自《女生日记》

9. 记到这一条时，戴安抬起头来，瞪了一眼提这条建议的罗莉娜。前几条建议她都同意，就这一条，她不同意。她从来不穿裙子，她最讨厌穿裙子。

"我觉得现在的校服挺好的。"

"我们觉得不好。"罗莉娜说，"身上一点线条都没有，远远看去，根本分不清是男生还是女生，你们说是不是？"

有好几个女生都附和，这其中包括艾薇。

即便戴安心里有一千个不愿意，一万个不愿意，可她现在的身份是校长助理，必须大公无私，所以还是把罗莉娜的建议，一丝不苟地写在小本子上。

选自《假小子戴安》

10. 我不明白，戴安为什么要剪头发。在她身上，长得最漂亮的就要数她的头发了，又黑又亮，微微还有些弯曲，在脑后扎成一束马尾，从侧面看，还有那么一点点女孩子味道，使假小子戴安看起来不太像假小子。

戴安的头发，不仅又黑又亮，而且还又厚又多，把黄毛丫头萧依依羡慕得一下课就要去摸她的“马尾”，还不停地说：“如果把你的头发换给我就好了！”“想得美！”戴安立即推开萧依依的手，“我把头发换给你，你成了绝代佳人，我却成了‘癞头’？”

剪了头发的戴安看起来怪怪的，横看竖看那头发都不像她头上长的，完全不听话似的乱蓬着，像一堆乱草？像刺猬？肥猫却说，戴安的头上套着一顶假发。

选自《五·三班的坏小子》

11. 看着李小俊离去的背影，罗莉娜恨得咬牙切齿。

艾薇望着李小俊离去的背影，却不知深浅地问了一句："罗莉娜，你发现没有？"

罗莉娜心里有气，所以极其生硬地反问艾薇："你发现什么了？"

艾薇的眼睛还没有离开李小俊的背影："我发现李小俊走路的姿势很像美国西部牛仔。"

"艾薇，你也太夸张了吧？"

"真的真的，你看嘛！"

罗莉娜狠狠地盯着李小俊的背影看了一会儿，比起班上那几个还没长醒的坏小子，比如肥猫、兔巴哥、米老鼠和豆芽儿，李小俊真的说得上有款有型。

选自《假小子戴安》

12. 女生们一下课就围在袁小珠的座位旁，她们想看的是男生们在给她的贺卡上写了些什么。

袁小珠大大方方地把一沓贺卡亮出来。女生们一哄而上，专拣男生写的贺卡看。

戴安手上拿到一张肥猫写给袁小珠的贺卡，高声念道：

新年快要到了，请接受我一份"超重"的祝福！

"哦噢！"

女生们发出一阵怪叫声。

戴安问："'超重的祝福'，这是什么意思啊？"

"这都不懂？"袁小珠从戴安手中夺过贺卡，"肥猫体重超重，他的祝福当然也是超重的啦！"

选自《五·三班的坏小子》

男生VS女生

1. 有一天，肥猫忘记带语文书，我好心地把语文书摊开，放在“三八线”上，尺子倒下来。肥猫硬说我犯了规，真是“狗咬吕洞宾，不识好人心”，我把书收过来。没想到严老师提问题时，他第一个站起来回答，而且全部回答正确。原来他还是看了我的书，是把目光斜到我这边来看的。

选自《五·三班的坏小子》

2. “盼星星，盼月亮，终于盼到了这一天。”古龙飞做出扬眉吐气的样子，他故意要气南柯梦。

南柯梦果然很生气，但她却做出苦尽甘来的高兴样子，说：“哈，今天真是个好日子！”

古龙飞和南柯梦这一开头，上学期相处得不怎么好的男女同桌都七嘴八舌在下面吵开来。

选自《女生日记》

3. 那天下课，李小俊到戴安座位上来收作业本，戴安知道这时候在她和李小俊的身上，一定聚焦了许多猎奇的目光，便故意夸张地、旁若无人地："李小俊，放学我们一块儿走。"

所有的人都听见了。戴安就是要让所有的人都听见。李小俊逃也似的离开了。

选自《假小子戴安》

4. 毛超从头说起，说得唾沫横飞。他给夏林果解释了半天，才让夏林果有点明白，"超级城市"就是"虚拟城市"，完全是想象中的城市。马小跳去竞选这个根本不存在的城市的市长，对他这么一个经常异想天开的男孩子来说，并不是一件异想天开的事情。

选自《淘气包马小跳系列·超级市长》

5. 马小跳和路曼曼，天天都有战争要发生。

挑起战争的往往是马小跳，全副武装，披挂上阵，频频向路曼曼发起进攻。其实他很多时候是虚张声势。路曼曼不动声色，一逮住机会，便暗中予以还击。

选自《淘气包马小跳系列·同桌冤家》

6. 几个女生一起上，把马小跳按倒在地，有的抬脚，有的抬手，还有的抬头，就像抬猪一样，把他抬走了。

马小跳手脚乱舞乱蹬，高呼救命。张达、毛超、唐飞不仅不救他，还幸灾乐祸地哈哈大笑。

选自《淘气包马小跳系列·轰隆隆老师》

7. 马小跳还没有离开学校，他和毛超、张达在等唐飞，唐飞在教室里做清洁。现在，这三个人正在操场上跳沙坑。马小跳已经玩疯了，肚皮、腰露在外面，脸上的汗和沙子粘在一起。夏林果一看，心里就来气，她叫一声：“马小跳！”

选自《淘气包马小跳系列·超级市长》

8. 米老师念一个男生的名字，又念一个女生的名字，这两个人就成了同桌。

杜歌飞赶紧看他右边的女生，啊，这是一个漂亮的小女生，一条蓬松的马尾辫高高地梳在脑后，穿着一条有很多褶子的裙子，像个小公主。杜歌飞以为会跟她同桌，就朝她“嘿嘿”地傻笑，她却朝他翻了几下白眼，马上把头扭到一边去了。

选自《小男生杜歌飞》

9. 星期一到学校，刚走进教学楼，马小跳就被路曼曼逮住了。

"马小跳，秦老师叫你到办公室去！"

路曼曼押着马小跳，向老师办公室走去。马小跳回头用眼角余光扫了扫路曼曼，她满脸都是愤愤不平的表情。

选自《淘气包马小跳系列·超级市长》

10. 关于戴安和李小俊的流言，仍然在班上流传。仗义的坏小子们左阻右挡，竭尽全力，还是封不住人家的嘴。

肥猫公然在班上说："怎么没有人说我和夏雪儿呢？"

夏雪儿一点面子都不给他："肥猫，你别抓屎糊脸！少把我跟你往一块儿扯！"

"好好好，就算我单相思，行了吧？"

选自《假小子戴安》

11. 几乎没有任何犹豫，我就答应了他。我不忍心拒绝马加，是因为他是一个怯懦的、生活很不幸的男孩，我一直对他很好。只是吴缅……

"对不起，吴缅，"我很抱歉地说，"我要跟你拜拜了！"

吴缅愣了一下，可就在那么两秒钟以内，他就把自己调整过来了。他做出一副无所谓的样子，甚至还干笑了两声："这没什么，很好很好，哈哈，我也正想跟你说'拜拜'呢！"

选自《女生日记》

12. 流言太可怕了。

在班上，只要涉及到戴安，就像条件反射似的，大家的目光会齐刷刷地射向李小俊；一涉及到李小俊，大家的目光，又会齐刷刷地射向戴安。只要戴安和李小俊在一起，就会有人在空气中交流眼色，脸上的表情也是意味深长。

选自《假小子戴安》

13. 小魔女回到教室，冲到米老鼠面前就高呼："米老鼠，我喜欢你！"

小魔女的这一疯狂行动，班上的同学都不足为奇。她本来就是一个随心所欲的任性女孩，敢恨敢爱。她这会儿可以说："米老鼠，我爱死你！"过一会儿，她也可能会说："米老鼠，我恨死你。"

同学们都围了上来。小魔女充分发挥她的表演天赋，声情并茂，添油加醋地讲起了米老鼠"旷课救猫"的故事。

选自《漂亮老师和坏小子》

14. 马小跳的口算题，破天荒地一道题都没错，得了一百分，还加了一个红五星。

数学老师把马小跳好好地表扬了一顿。他说世界上怕就怕"认真"二字，像马小跳这样的同学，做一百道口算题，没有错一道题，还有什么事情可以难住我们的呢？

马小跳挨批评的时候多，受表扬的时候少，一时间云里雾里，飘飘然起来。他看路曼曼的口算本上只有一百分，一百分旁边没有红五星，便指着他本子上的红角星，故意问路曼曼："你看，这是什么？"

选自《淘气包马小跳系列·同桌冤家》

15. 侠女戴安侠肠义胆，最爱打抱不平。她看见那些讨厌的男生们老是捉弄美女艾薇，就自愿充当起艾薇的“护花使者”来。

艾薇和戴安成了形影不离的好朋友。艾薇如花似玉，戴安呢?不折不扣的一个假小子，一年三季都是那套蓝色的运动装，夏天也不穿裙子。还有那头乱糟糟的短发，还有那凶巴巴的表情……不知是谁最先把她俩比喻成“美女与野兽”，后来，就叫开了。

选自《五·三班的坏小子》

16. 罗莉娜回了回神，突然一拍手:“我知道是怎么回事了！我早就发现戴安和李小俊不正常……”

“罗莉娜！”肥猫大喝一声，打断了罗莉娜下面的话，“你又在编故事。”

“这不是编故事，这是事实！”

豆芽儿跳出来了:“有凭有据才是事实，你拿得出来吗？”

米老鼠来得更横:“罗莉娜，我们要告你诽谤！”

“告！告！”

兔巴哥摩拳擦掌。

这几个坏小子不愧是戴安的铁哥们儿，关键时刻还挺讲义气的。罗莉娜一眼就看穿他们在虚张声势，如果她怕了他们，她就不是罗莉娜了。

“那你们说，李小俊妈妈为什么要找戴安？”

选自《假小子戴安》

17. 放学的时候，我看还有同学去向吴缅买通讯录，就说：“吴缅，我觉得你这样做不太好。”

“为什么不好？”吴缅做出洗耳恭听的样子。

我说不出为什么不好，只是觉得不该赚同学的钱。

吴缅见我说不出什么，便用教训人的语气说道：“我这叫勤工俭学，你懂不懂？”

我说：“赚钱也不应该赚同学的钱。”

吴缅说：“只要是合理利润，赚谁的钱都一样。”

选自《女生日记》

18. 肥猫已经吃完了罗莉娜给他买的零食。对付罗莉娜的“糖衣炮弹”，肥猫的对策是：把“糖衣”吃了，再把“炮弹”给她扔回去。

肥猫用手背抹抹嘴巴，然后语重心长地：“罗莉娜，看在我吃了你的东西的分儿上，我真得给你好好地上一课。”

“上课？”罗莉娜嘴一撇，“你给我上什么课？”

选自《假小子戴安》

19. 唐飞气急败坏，他是最先找夏林果的。

“夏林果……”

唐飞刚叫了声夏林果，眼睛眨巴眨巴，眼圈就红了。

夏林果不知道发生了什么事：“唐飞，你哭了？”

唐飞真的哭了。他从小就爱哭，一哭起来眼泪就像断了线的珠子往下落，别人还以为他有什么伤心欲绝的事。

选自《淘气包马小跳系列·漂亮女孩夏林果》

20. 下午课间的时候，吴缅又像平时那样，大模大样地过来拿我的文具盒，他似乎对我的每样文具都感兴趣。

“不借！”

我狠狠地瞪了他一眼，一把把文具盒放进了书包里。

也许吴缅从来没遭到过我的拒绝，一时竟不知所措，讪讪地回到他座位上。上课的时候，我看见他三次回过头来看我，一脸莫名其妙的表情。

选自《女生日记》

21. 萧依依走到米老鼠的身边，悄悄拉拉米老鼠的衣服：“放学后，你留下来不要走。”

英花轮明察秋毫，萧依依的这个小动作哪里逃得过他的法眼。他酸溜溜地叫起来：“萧依依，你想干什么？你想和米老鼠约会啊？”

萧依依又走到英花轮跟前，高高抬起她的翘下巴：“Yes，没错，我就是要和米老鼠约会，你是羡慕，还是嫉妒？”

这时候，米老鼠已幸福得晕头转向。

选自《漂亮老师和坏小子》

22. 下午放学做完清洁，却下起了雨。看起来不大，却是密密的，是那种很容易湿透衣服的雨。

其他几个同学都被家长接走了，只有我和肥猫在那里等雨停。

雨下得正急，一时半会儿根本停不了。我急得像热锅上的蚂蚁。在教室里走来走去，走来走去。

看我急，肥猫却高兴。他对着窗口张开双臂，拖声拖气地大声朗诵，“风，你使劲刮吧！雨，你猛烈地下吧！我要做暴风雨中的海燕！”

我白了他一眼：“有你这么胖的海燕吗？”

选自《五·三班的坏小子》

23. 这时，夏雪儿、艾薇和戴安正从操场路过，她们从来没有见过肥猫这样疯狂地跑过，看着看着，她们就笑起来。

夏雪儿说：“奇了怪了，肥猫干吗穿这么少？”

艾薇说：“他多半把自己当运动健将了。”

“不是。”戴安说得更绝，“他是在向全校师生展示他身上的肉，是全世界最白的肉。”

几个女生捂着肚子笑倒在操场边。

选自《漂亮老师和坏小子》

24. 全班女生都把头发剪了，这可把男生们高兴死了。记得那是一个周一的早晨，他们就守在教室门口，对每一个剪了头发的女生进行品头，但不论足。说沙丽的短发是“一片瓦”，南柯梦是“疯狂的刺猬”，莫欣儿是“爆炸式”，还有“清汤挂面”、“沙锅盖”等等一系列的形象比喻。我的头发又厚又多，还有些卷曲，平时梳马尾式和小辫都挺好看的，剪成短发后，每一根头发都好像在闹别扭，无论怎么梳都梳不成形状，而且越梳越觉得这头发不是自个儿的。那天早晨，我恨不得找顶帽子扣在头上去上学。难怪男生们见了我，并没有马上起哄，因为他们还没来得及找到合适的比喻，但他们也并没有因此而放过我。

选自《女生日记》

25. 那几个六年级的大男生大眼瞪小眼。可以肯定，他们都没有看出戴安是女生，因为她说话的声音很粗，又穿着一身肥大的运动装，再加上那一头乱蓬蓬的短发，不把她当作男生才怪呢！

有了戴安壮胆，刚才被吓得一声不吭的米老鼠和豆芽儿这下也来了精神，他们用大拇指指着戴安："我们班的！"

那几个大男生还想较量一番，戴安毫不示弱地抄着双臂，站在那儿斜睨着他们，对峙了将近30秒钟，领头的大男生突然一招手，说了句："走！"

选自《五·三班的坏小子》

26. "马小跳，你是不是很痛？"

路曼曼轻轻地抚摩着马小跳脚上的白绷带，还俯下身子，轻轻地给他那只受伤的脚吹气。

"别！别！"马小跳把那只受伤的脚高高抬起，"我脚臭！"

"我不怕！"

马小跳宁愿路曼曼对他不这么好，他怕天长日久，他会慢慢地喜欢上路曼曼。

马小跳的担心真是多余了。哪里会有天长日久？只是到了下午，路曼曼对他的态度便急转直下，又恢复成原来那样了。

选自《淘气包马小跳系列·笨女孩安琪儿》

27. 第二天在学校里，陶陶已成了班上的新闻人物，许多同学都围着小丫，小丫又比画又说，绘声绘色地讲述着昨天在树林里，陶陶勇斗大灰狼的经过。

“吴大刚也在场？”同学们的目光纷纷转向在一旁装作什么都没有听见的吴大刚身上。

“可是，我向他求救的时候，他却跑了。”小丫忿忿地说，“什么‘铜拳铁脚’，关键时刻，就成熊包了，陶陶才是铜拳铁脚，这可是我亲眼看见的。”

骤然间，矮小的陶陶在同学们的心目中高大起来，他们像看英雄一样看着陶陶。陶陶满脸涨得通红，一句话都说不出来，只知道傻笑。

选自《没有尾巴的狼》

28. 我一边追一边喊：“肥猫，你家在那边！”

肥猫不理我，一直向前跑。他的衣服都淋湿了，雨水从他的裤脚边往下滴。

“肥猫，你要发烧的！”

肥猫噼里啪啦地拍着他肉墩墩的胸脯：“男子汉大丈夫，说不发烧就不发烧……”

“啪”的一声，肥猫脚下一滑，跌倒在雨地里，衣服上沾满了泥浆。

肥猫哈哈一笑，自我解嘲道：“哈，洗了个冷水澡。”

我来到他的身边，把雨伞打在他的头上，他凶巴巴地朝我大吼一声：“男生和女生不可以打一把伞！”

选自《五·三班的坏小子》

29. “老师，我知道鲁云飞想跟谁同桌。”坐在我们前排的豆芽儿突然站起来说，“他想跟艾薇同桌！”

“哈哈！哈哈！”

男生们张开大嘴，仰头大笑！

“嘻嘻！嘻嘻！”

女生们抿嘴偷着乐。

艾薇是我们班的班花，真是爱美之心，人兼有之啊！

“他乱讲，他才想跟艾薇同桌呢！”肥猫涨红了脸，有口难辩，向豆芽儿挥舞着他肉乎乎的拳头。

选自《五·三班的坏小子》

30.“我改什么呀？”戴安的眉毛立起来，“是肥猫把夏雪儿气哭的，是他的错，又不是我的错。”

“我……我不是那个意思。”

“你是什么意思？”

戴安直逼李小俊。她的鼻子几乎触到了李小俊的鼻子。李小俊赶紧把头扭到一边，他不敢看戴安。

“我的意思是，你经常把手放在男生的肩膀上，你还经常去拧男生的耳朵……”

“别说啦！”

戴安怒目圆瞪，李小俊的这番话让她震惊。刚才，她一直把手随随便便地搭在肥猫的肩膀上，肥猫和夏雪儿早已习以为常，见惯不惊，李小俊却看不惯，怪不得他一直不吭声，像在生闷气。

选自《假小子戴安》

31.戴安押着兔巴哥去捉拿米老鼠。

米老鼠正玩得疯狂，突然被戴安揪住了耳朵。

“米老鼠，你今天又干了什么坏事儿？”

米老鼠嘻皮笑脸：“我只干好事儿，不干坏事儿。”

“是吗？”

戴安揪住米老鼠的耳朵向上一提，米老鼠就跳起了芭蕾舞。

“是我干的，哎哟喂——”

米老鼠歪牙咧嘴，叫个不停。但戴安手一松，他就向兔巴哥挥舞着拳头：“告密的叛徒！”

选自《五·三班的坏小子》

32. 三圈跑下来，鲁云飞完全是拖着步子在一点一点地挪，恨不得立刻倒在地上。

“夏雪儿，我——我嘴上说不想跟你同桌，其实心里是想跟你同桌的……”

我一不小心，笑出声来。

“肥猫，如果在战争年代，你被敌人抓去了，你一定会做叛徒的。”

“别小瞧我，在敌人面前我宁死不屈。你是谁呀？你不是我的敌人，你是我的同桌——亲爱的同桌——求求你……”

现在，肥猫有求于我，什么甜蜜的话都说得出来，你还能拿他怎么样呢？

选自《五·三班的坏小子》

33. 庄梦娴偏偏就要等着她。看孟小乔收拾书包的动作慢，就在一旁不停地催。

孟小乔对她说：“要不你先走吧！”

“我哪能让你一个人走回去？”

“嘿，还真把自己当成铁杆护花使者了？”

说这话的是孟小乔的同桌，一个自命不凡、说话尖酸刻薄的“眼镜男生”杜迪生。他不喜欢长得像假小子的女生，庄梦娴长得就像假小子。

庄梦娴跟杜迪生干上了。她一把揪住杜迪生的衣服领子：“你是羡慕还是嫉妒？”

杜迪生最怕跟这种女生纠缠不清，只好甘拜下风，逃之夭夭。庄梦娴哪里肯放过他，立马追了去。

选自《神秘的女老师》

34.“马小跳，敲呀！”

“把脑瓜敲破了怎么办？”

张达就骂马小跳胆小鬼，有几个女生还向他耸鼻子。最让马小跳难受的是，马小跳的同桌路曼曼和夏林果在交头接耳，他永远忘不了他们看他的那种眼神。

这些女生都疯了！像路曼曼这样聪明的女生，像夏林果这样漂亮的女生，居然会为张达这种一脸蠢相、话都说不清楚的男生所倾倒，就因为他有一个可以敲鸡蛋的脑门吗？马小跳很有些不以为然。

马小跳见夏林果又蹭到张达的跟前。张达脸红了，眼睛也不敢看夏林果，肯定心中有鬼。马小跳装作若无其事的样子，在他们身边走来走去，其实他想知道他们到底要干什么。

选自《淘气包马小跳系列·四个调皮蛋》

35.路曼曼不愿意牵马小跳的手，马小跳还不是太生气。但是，路曼曼不牵马小跳的手却去牵丁文涛的手，马小跳就很生气了。

路曼曼爱向老师打小报告，马小跳也要向老师打路曼曼的小报告。

“秦老师，路曼曼不牵我的手。”

路曼曼马上说：“他故意捏痛我的手。”

秦老师就批评马小跳，说他欺负女同学。

马小跳心里委屈极了，他真的没有故意捏痛路曼曼的手。马小跳纵然有一百张嘴，秦老师也不会相信他，她只相信路曼曼。路曼曼是好学生，马小跳是淘气包。

选自《淘气包马小跳系列·同桌冤家》

36. 艾薇又拿着裙子去找米老鼠。

这次，米老鼠施展起他的表演天才来。他皱着眉头，一脸哭相，用低沉而诚恳的声音说道："请原谅我最后一次吧，我一定痛改前非。"

米老鼠说着，还用双手捂住了眼睛。

艾薇以为米老鼠哭了，慌得连忙去劝他。

"你不要哭，不要哭嘛……"

米老鼠还真的抽抽搭搭起来，肩膀一耸一耸的。艾薇心软，看见别人哭，她也要哭。

米老鼠从手指缝里看见艾薇埋头抹眼泪，偷偷一笑，趁机逃走了。

选自《五·三班的坏小子》

37. 今天，我发现很多人看我的眼神都怪怪的。萧依依看我，怪怪的；欧亚菲看我，也怪怪的；肥猫看我，更是怪怪的。

"讨厌！"

我白了肥猫一眼。

"我是讨厌。"肥猫阴阳怪气，"我是谁呀？我是鲁云飞，一只大肥猫，我当然讨厌。我知道，有一个人你不讨厌。"

"说话这么酸，酸猫！"我问他，"你说哪一个人我不讨厌？"

"就是他！"

肥猫的胖指头弯曲着指着一个地方，我的目光也必须弯曲着，顺着肥猫的胖指头看过去，他指着的是坐在后面斜对着我们的潘少雄。

选自《五·三班的坏小子》

38. 今天又换座位了，许多人都换了同桌，豆芽儿换去跟王巧巧同桌，米老鼠换去跟欧亚菲同桌，兔巴哥换去跟萧依依同桌，我呢？没有换，还是跟肥猫同桌。

“唉！唉！”肥猫摇晃着他胖胖的脑袋，“我的命怎么就这样苦？”

“你说什么？”我肺都气炸了，“你以为我想跟你同桌啊？”

肥猫拖长了声音，一副痛心疾首的样子：“何时能拨开乌云见太阳？”

“严老师！”我不知哪来的勇气，从来没有这么大声地说过话，“我不想跟鲁云飞同桌！”

严加厉老师的目光，像两柄寒光闪闪的利剑，射在我的脸上，然后又射在肥猫的脸上。

活该肥猫要倒霉了，不管严老师有多么严厉，对女生，她总还有一点点偏心的。特别是在今天这样的情况下，她不拿肥猫开涮才怪呢。

选自《五·三班的坏小子》

39. “为什么？”

肥猫眨巴着眼睛，表现出十分的不理解。

“为什么？我正要问你呢！”严老师瞪了肥猫一眼，把听写本扔给他，“才几天工夫，你看你错了多少？”

肥猫缩着脖子，不吭声了。

“夏雪儿，你还要像以前那样，对鲁云飞一丝也不要放松。听见没有？”

“听见了。”我小声回答道。

“大声一点！”

“听见了！”我大声回答道，同时瞪了肥猫一眼。我心里一千个不愿意，一万个不愿意。可是有什么办法呢？真是不是冤家不聚头。

选自《五·三班的坏小子》

40. 戴安命令他们闭嘴，不准他们说女生的裙子，只准他们说男生的校服样式。

“我们穿什么都无所谓。”豆芽儿又耍开了贫嘴，“只要女生们穿漂亮了，我们看着养眼，心里就舒坦了。你说是不是，兔巴哥？”

兔巴哥冷不丁被豆芽儿问，一时不知所措，慌乱中去看艾薇，脸一下子红了，连耳朵也是鲜红的。

“兔巴哥，你看人家艾薇干什么？”肥猫要拿兔巴哥开心，“你说，艾薇穿哪一条好看，是不是这一条？”

肥猫指的是最短的那一条。

米老鼠突然冒出一句：“戴助理，你穿上裙子会是什么样子？”

“嘎！嘎！嘎！”

肥猫疯狂地笑。

“吱吱吱！”

豆芽儿笑得脖子上的青筋暴绽。

他们都没有见过戴安穿裙子，他们在想象戴安穿裙子的样子。

“戴助理，等你穿上裙子的那一天，我们一定给你开一个庆祝会。”

选自《假小子戴安》

41. 我和肥猫战争升级，冲突不断，最主要的原因是一到期末，老师就要布置一些听写词语、默写课文或背诵概念这样的作业，让同桌之间互相考查。偏偏这些都是肥猫的弱项，听写词语没有一次是全对的，默写课文更是错误百出，背诵概念他头痛得要命，这正是我收拾肥猫的好机会。老师说，错一个字重写二十遍。肥猫错一个字，我绝不会允许他只写十九遍，一定要二十遍；背不熟的概念，我会强迫他一遍又一遍地背，直到背熟为止。肥猫好几次哭声哭气地求我对他宽松一点，我的心肠一硬，眼睛一闭，两个字："不行！"看着肥猫痛苦万状的样子，我真是开心死了。

你们可想而知，肥猫对我的深仇大恨了。他想尽了一切办法，用尽了一切手段来报复我，一会儿把我的课本藏起来，一会儿把我钢笔里的墨水挤掉，让我做作业的时候突然写不出字来，等等等等。就这样闹来闹去，把严老师都闹烦了。

选自《五·三班的坏小子》

42. 看穿着裙子的戴安不会走路，肥猫他们开心死了。

"戴安，你走路的样子好好玩，像个木偶人。"

"戴安，现在我终于知道，你为什么从来不穿裙子。"

大家都问豆芽儿为什么。

"因为一穿上裙子，戴安的两条腿就变成了木棍，连路都不会走了。"

选自《假小子戴安》

老师们

1. 一有伤脑筋的事情，姜校长就会用铅笔头的橡皮擦敲他的大脑门儿。脑袋都敲痛了，还没想出什么辙来。

选自《漂亮老师和坏小子》

2. 六·四班的班主任是个五十几岁的男老师，他的又粗又浓的倒八字眉毛，给米兰留下了深刻的印象。他一直用忧心忡忡的目光看着米兰，语重心长地对米兰说了句："你任重而道远啊！"

选自《漂亮老师和坏小子》

3. 教体育的江老师，揪着他头上那撮顽固翘起的头发。他一到没辙的时候，就会揪那撮翘起的头发，难怪那撮头发永远也不能倒贴下去。

选自《漂亮老师和坏小子》

4. 白副校长到底年轻，他迫不及待地打断了马老师的话，迫不及待地把自己的观点表述出来。

马老师极其不满地向白副校长翻了几下白眼，脸拉得老长，更像一张马脸了。她叹了一口气："现在是年轻人的天下，我是老了，落伍了。"

选自《漂亮老师和坏小子》

5. 马老师脸上的笑容不是那么自然，像挤出来的一样。其实，她见到米兰老师的第一眼就不太喜欢，是因为米兰穿着牛仔裤，还是因为米兰脸上那漫不经心的表情？

马老师接着把米兰介绍给办公室的其他老师。六·二班的颜玉老师跟米兰老师的年龄差不多大，脸上的五官可以说长得无可挑剔，只是少点生动，像一张画。她是马老师的得意门生，读师范学校那会儿，在马老师班上做过实习老师，是马老师一手调教出来的接班人。

选自《漂亮老师和坏小子》

6. 数学老师姓熊，给我们班上第一节数学课，就得了一个“熊家婆”的绰号。

那天，熊老师穿了一身棕色的衣服，头发烫成小卷卷，样子有点喜剧。下课时，熊老师刚走出教室，哗众取宠的米老鼠立即问大家，熊老师像什么？米老鼠说熊老师像熊家婆，我们都是听《熊家婆》的故事长大的，熊家婆究竟什么样子，全在我们的想象之中。所以米老鼠说熊老师像熊家婆，其实不过是因为熊老师姓熊罢了。

选自《五·三班的坏小子》

7. 教科学课的雷鸣老师也就是轰隆隆老师讲课的声音很大，一层楼都听得见，他讲课还喜欢做动作，喜欢模仿各种各样的声音，比如讲到猫，他就学猫叫；讲到狗，他就学狗叫；讲到狮子，狮子不是叫是吼，他就学狮吼；讲到鱼，除了河里娃娃鱼会叫，海里的大鲸会叫，其他的鱼好像不太会叫，他就嘴巴一张一张、身子一扭一扭，学鱼吐泡泡的样子……总之，轰隆隆老师讲课就像讲故事一样，手舞足蹈，绘声绘色，同学们都喜欢上轰隆隆老师的课。

选自《淘气包马小跳系列·轰隆隆老师》

8. 校长再也听不下去了："白老师，难道今天放的录像，跟毕业班一点儿关系都没有吗？那些撞倒低年级女同学的不正是毕业班的学生吗？"

白老师一副无所谓的样子："听说那女孩子并没有伤着。"

"白老师！"校长勃然大怒，一巴掌拍在桌子上，"录像里看到学生表现出来的那种冷漠，那种无情，难道你也无动于衷吗？你有没有反思，我们今天的教育缺憾在哪里？"

白老师从来没见校长发过这么大的脾气，她都不知道她是怎么离开校长办公室的。

选自《淘气包马小跳系列·跳跳电视台》

9. 不等毛超去告诉秦老师，路曼曼已先去告诉秦老师了："马小跳他们私自成立了一个电视台，马小跳自任台长，所以叫'跳跳电视台'。唐飞、张达、毛超都是副台长。"

办公室里的老师都笑了，只有秦老师没有笑，她已经习惯了马小跳层出不穷的花招。

秦老师不动声色，问路曼曼："还有呢？"

"毛超到处宣扬，说在这一周，电视上要播他们的DV作品。"

秦老师终于笑了。她压根儿就不相信有这种事情。她笑马小跳他们几个真是异想天开。

选自《淘气包马小跳系列·跳跳电视台》

10. 严老师最大的特点是不笑，从来不笑，脸上总是绷得紧紧的，两道目光像两柄寒光闪闪的利剑，射在谁的脸上，谁脸上的笑容便会立即消失。

我们班上有两个最会搞笑的超级笑星，一个是豆芽儿，一个是米老鼠，他们俩经常一唱一和，把我们笑得死去活来。有人去激他们，说要是能让严老师笑，才是真本事。两个超级笑星胸口一拍，说："千年的铁树都要开花，不信严老师不笑……"可是他们使出浑身解数，每一次都以失败而告终。这两个活宝只有自我解嘲道："不是我们没本事让严老师笑，是严老师根本不会笑，她的笑神经出了问题。"

有人问："出了什么问题？"

两个活宝一本正经地回答："短路！"

选自《五·三班的坏小子》

11. 江老师头上有一撮头发，经常顽固地竖起来，这使他在人头攒动的操场上，你都能一眼发现他。这撮头发是江老师的最大特征，我们都认为，江老师酷就酷在这撮头发上。可是，有消息灵通人士说，江老师谈了好几个女朋友，都嫌这撮头发。

于是，我们发现江老师头上这撮顽固立起的头发，有时会被强力定型摩丝压下去。据消息灵通人士报道说，那是江老师有女朋友了。但没过多久，那撮顽固的头发又顽固地立起来了。据消息灵通人士说，江老师又没有女朋友了。所以江老师头上那撮头发，就像战争故事里的消息树，只要看一看，就知道他现在是有女朋友，还是没有女朋友。

选自《五·三班的坏小子》

12. 唐老师是学校图书室管理图书的，严老师请病假了，校长就派他来管我们。校长对人们说，唐老师以前什么都教过，语文、数学、历史、地理、自然等所有的科目，现在因为快到退休年龄了，学校才派他去图书室工作。校长还告诫人们说，不要自以为聪明哦，唐老师可是博览群书，天上地下没有他不知道的事情。

“哇噻！”

我们都用好敬佩好敬佩的眼光看着唐老师。校长满意地笑了，他想终于有一个人把我们这个自以为是、令人伤透脑筋的五·三班给镇住了。

选自《五·三班的坏小子》

13.与以往不同的是，以前给某个学生写评语，她的感觉是这个学生好像正站在她的面前，接受她的教训，优点一、二、三，缺点一、二、三，给他或她指出来，特别是缺点，因为她非常非常重视，希望他们也非常非常重视，所以有意无意间便强调了他们的缺点，夸大了他们的缺点。现在戴上蜜儿的优点放大镜，写评语的感觉就完全不一样了，每一个学生在她心目中都是那么的可爱，尽管他们身上有这样或那样的缺点，但她更多地看到的是他们身上的优点，喜爱之情油然而生，禁不住用抒情的笔调写起学生的评语来。

她把恬静、聪慧、富于幻想的孟小乔比喻成一朵会飞的花；把活泼好动的、乐于助人的陶了了比喻成一只充满生气的雏鹰；把热情奔放、能歌善舞的傅琳琳比喻成一只闪烁着奇光异彩的小鸟；她还为小足球迷廖小小呐喊助威：加油，未来的足球明星！

选自《那个骑轮箱来的蜜儿》

师生之间

1. 数学老师说话像打机关枪，哒哒哒！哒哒哒！简直停不下来，也不让人插话。

趁数学老师吞口水清嗓子的短暂空当，马小跳终于鼓起勇气，问了一句："路曼曼错了几道？"

选自《淘气包马小跳系列·同桌冤家》

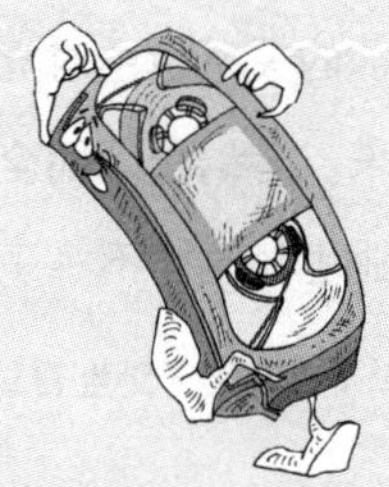

2. 秦老师拿起本子看了一遍，全部正确。又戴起眼镜看了一遍，还是全部正确。

"马小跳，你的进步很大，老师真为你高兴。"

秦老师脸上有了笑容，她笑起来又亲切又好看，可惜她太不容易笑了，马小跳为秦老师感到遗憾。

选自《淘气包马小跳系列·轰隆隆老师》

3. 数学老师不说话，他的眼镜片反射着光，看不见他的眼睛。但随着他脖子的转动，他们知道他的目光，在他们四个人的脸上，轮流地扫射。

马小跳的手心又开始冒汗，毛超的手脚又开始冰凉，唐飞的背脊又开始发麻。

选自《淘气包马小跳系列·小大人丁文涛》

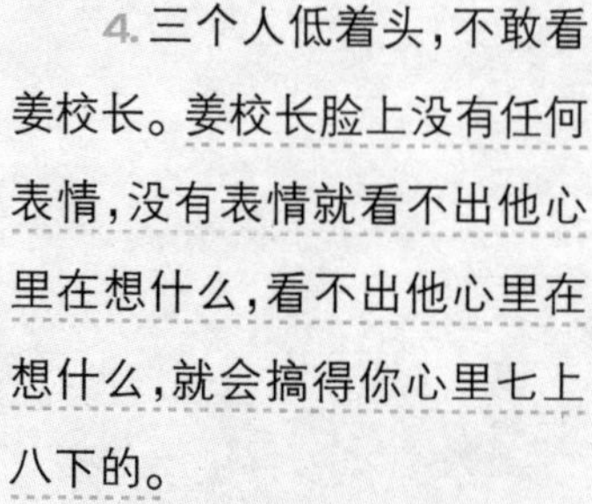

4. 三个人低着头，不敢看姜校长。姜校长脸上没有任何表情，没有表情就看不出他心里在想什么，看不出他心里在想什么，就会搞得你心里七上八下的。

姜校长不仅脸上没有表情，就连说话的声音也没有表情："你们到这里来，就是想对我说这些吗？"

选自《漂亮老师和坏小子》

5. 后来，孙老师让我们帮他想一个惩罚我们的办法，同学们真的你一言、我一语地帮他想起来，孙老师越听越开心，气氛变得非常活跃，我们和孙老师的关系也由对立变得近乎起来。当然，那惩罚全班的抄书作业也就这样不了了之了。

选自《女生日记》

6.“父母离婚，并不等于就失去了父母的爱。”罗老师把莫欣儿耷在额前的一绺头发撩上去，用发卡别好。“莫欣儿，你在我心目中一直是一个很棒的女孩，我希望你在你父母的事情上也表现得棒一些。好吗？”

“我会的。”莫欣儿向罗老师保证。

选自《女生日记》

7. 马小跳天天都想上科学课，可惜每星期就只有一节科学课。现在，轰隆隆老师成了马小跳崇拜的偶像，他崇拜他的一切，包括梳得光光的头发，包括穿有很多口袋的衣服，包括穿脏不拉叽的大皮鞋，还包括……当然，马小跳最崇拜的，是轰隆隆老师会变魔术。

选自《淘气包马小跳系列·轰隆隆老师》

8. 秦老师有像孙悟空一样的火眼金睛，马小跳的眼睛不敢看秦老师的眼睛，躲躲闪闪，不知看什么地方好。

秦老师不再说什么，就盯着马小跳看。马小跳的脚不知怎么站，手不知往哪放，反正浑身都被秦老师盯得不自在。幸好上课铃响了，马小跳才回到教室里。

选自《淘气包马小跳系列·四个调皮蛋》

9. 马小跳把昨天发生的事情讲了一遍，毛超只补充了一点点。

讲完了，他们都以为三个小女生的老师会有多大的反应，结果她一点反应都没有。眼镜后面的目光，冷静地在马小跳和毛超的脸上扫来扫去。

“你们很会编故事。”

选自《淘气包马小跳系列·跳跳电视台》

10. “马小跳，照着我刚才说的话，你说一遍。”

马小跳本来想鹦鹉学舌，可是他肯定不如一只鹦鹉。学了十遍，都没说利索，气得秦老师骂他“榆木脑袋不开窍”。马小跳委屈极了，他只有在心里反抗秦老师：又不是我的真心话，我怎么说得好！

秦老师对马小跳失望极了，她再一次百思不得其解：那些评委怎么会把马小跳选上呢？

选自《淘气包马小跳系列·超级市长》

11. 肥猫和米老鼠来了，自恃这几天没犯什么事儿，所以有点有恃无恐的样子，进来就看姜校长的秃顶，想起“地方支援中央”那个典故来，两个都是嘻皮笑脸的。

姜校长咳了一声，两人才一脸正经起来。

“你们两个前几天被李小俊打了？”

一提这事，两人就像鼓胀的气球被针戳了，一下子蔫了下来。

选自《漂亮老师和坏小子》

12. 秦老师有一双能把人看穿的火眼金睛，她看看唐飞，又看看马小跳，看得他俩心里发虚，赶紧缩起脖子，装出特别老实的样子。

"好吧，那就明天下午吧！"

"耶！"

一出办公室，马小跳和唐飞就来了个庆祝胜利的击掌。这一切，都被秦老师尽收眼底。

选自《淘气包马小跳系列·天真妈妈》

13. 从来没见过有哪个老师处理事情会这么爽快，这么简单。英花轮还有些不放心："米老师，你为什么不请家长？"

"我自己能解决的事情，为什么非要请家长？"米兰一不小心，说出这样的话来，"我才不想让家长来给我助威呢。告诉你们，我可是很有办法的，别小看我哦！"

米兰扬起下巴，对那群已经傻呆的坏小子们抿嘴一笑，还顺手拍了下肥猫的脑袋，然后扬长而去。

选自《漂亮老师和坏小子》

14. 听说罗老师今天刚来上班，那个代课老师就在罗老师跟前告我们的状，说我们的纪律不好，不听她的话，跟她唱对台戏，还有人背地里叫她"熊家婆"。其实，并不完全是我们不对，如果她不用凶巴巴的形象和尖刻的语言来树立她的威信，如果她讲课的时候能多一点笑容，如果她的样子能漂亮一点，我们是会喜欢她的，绝不会跟她唱对台戏，也不会在背后叫她"熊家婆"。

选自《女生日记》

15. 已经有许多同学当过小老师了，大多是模仿教过他们课的老师。比如白霜，她模仿的是米老师。米老师有一双会说话的大眼睛，她也有一双漂亮的大眼睛；米老师有一头美丽的长发，她也有一头美丽的长发；米老师讲话的声音甜甜的，白霜讲话的声音也是甜甜的。那天，白霜当了小老师后，大家都说她像米老师，一些同学干脆叫她小米老师。

金贝贝也想当小米老师，可是她的眼睛小小的，头发短短的，讲话的声音还有点粗，一点都不像米老师，但金贝贝十分固执，她就是要当小米老师。

选自《小女生金贝贝》

16. 那个时候，我们好羡慕长发飘飘的罗老师，都说等我们长大了，一定要留像罗老师那样的长头发，一辈子都不剪，谁也管不着。

羡慕很容易转化为嫉妒，即便是我们喜欢的罗老师，她那像黑瀑布般的长发也令我们嫉妒起来。刘杨惠子竟跑去质问罗老师：“让我们剪头发，你们老师为什么不剪？”

罗老师知道我们都在气头上，所以她不火上浇油，十分机智地回答了刘杨惠子的问题。

“如果学校要我剪，我马上剪。”

选自《女生日记》

17. 龙督监找到张小野，给张小野来了个突然袭击：“昨晚，你是不是去了童心城堡？”

张小野一愣，龙督监暗暗得意：她以为她终于找到一个可以说出实情的人。

“我知道你是去了的。你一手拿矛，一手拿盾，在和龙校长比武的时候，你的裤子还掉了下来，是不是？哈哈哈！”

龙督监仰头大笑，她看张小野一点都不笑，也没有觉得难为情，难道龙校长说的是梦话？龙督监要亲自去荒草地那里看看，是不是有一座什么城堡。

选自《神秘的女老师》

18. “秦老师，我错了。”

马小跳认错的态度很诚恳。

秦老师不理他，连头都没抬一下。

马小跳比刚才更诚恳地说：“打碎的金鱼缸，我一定会赔的。”

秦老师还是不理他。她站起身来，端起了杯子。

马小跳眼快手快，一把夺下秦老师手中的杯子，跑到饮水机那里，给秦老师装了满满一杯水。

秦老师看着马小跳，看他的目光很复杂，又爱又恨。

选自《淘气包马小跳系列·贪玩老爸》

19. 姜校长把米兰带到六年级的教师办公室，H4 也跟了进去，立即被六·一班的班主任、那个脸长得像马脸的马老师挡在门外。

“你们进来干什么？”

“不，不干什么？”刚才还趾高气扬的肥猫，现在却有些像泄了气的皮球，“随便看看。”

“看什么看？”马老师一点面子也不给他们，“这是老师办公的地方，不是随便看看的地方。出去！”

“出去就出去！”

四个坏小子拉长了脸，对着马老师做马脸，然后一溜烟跑掉了。

选自《漂亮老师和坏小子》

20. 突然，罗老师双手捂住脸，双肩抖动着。我们敲击桌板的手都停了下来，意识到罗老师哭了。

好似暴风雨过后的安宁，教室里显得特别的安静，我们清清楚楚地能听见罗老师的抽泣声。

我们面面相觑：是不是又闯祸了？都在心里责怪自己：太忘乎其形了。

“罗老师，我们错了，我们不敲了。”

“不，不！”罗老师捂住脸的双手拿开了，她满面是泪，“对不起，我太激动了。虽然我才两周时间没见到你们，可感觉却有好久好久……”

罗老师哽咽着说不下去，我的泪水也止不住流了下来。

选自《女生日记》

21. 上课的时候，是杜歌飞有点怕丁老师。下课的时候，他就不怕了，像个跟屁虫似的，一步不离地跟着丁老师，要去摸他的肌肉。

丁老师屈起手臂，胳膊上一块小球般的肌肉就鼓了出来。杜歌飞伸手摸了一下："嗬，像石头。"

杜歌飞的同学小眼镜也去摸了一下："比石头还硬，像铁砣砣……"

丁老师展开手臂，伸得又平又直，叫杜歌飞吊在一只手臂上，又叫小眼镜吊在另一只手臂上，然后在操场上飞步行走。

杜歌飞双脚离地，在游乐场也没有这样好玩过。他抬起头来看丁老师，这时候的丁老师不像个老师，像个哥哥。

选自《小男生杜歌飞》

22. "第四个问题——"这个问题好像最严重，秦老师的脸色变得非常不好看，"唐飞，你是听谁讲的，我是路曼曼家的亲戚？"

秦老师的两只火眼金睛，死死地盯着唐飞。唐飞像一堆奶油，快被这火眼金睛射化了。

"我……没听谁说，我胡编的……"

唐飞的鼻涕眼泪都出来了。

幸好秦老师要开会。她让他们四个都回去写检查，明天再来处理。

四个人做出低头认罪的样子，刚一走出秦老师的视线，马小跳便像逃命的兔子，飞奔起来。

张达、毛超和唐飞，在后面紧追不舍，他们饶不了马小跳。

选自《淘气包马小跳系列·轰隆隆老师》

23. 男生们见我们女生脸上都有掩饰不住的喜悦，便要说些话来打击我们，有的说我们花心，有的说我们见异思迁。精豆豆更可笑，他突然蹦到我们面前："说，你们到底爱舒老师，还是爱罗老师？"

正在这时，穿一身碎花长裙的罗老师翩然而至。

"你们在说我什么？"

"她们女生没劲，真没劲！"古龙飞做出痛心疾首的样子，"知道舒老师要来教我们，看把她们高兴成什么样！"

"扑哧"一声，罗老师笑了。她在古龙飞的脑袋上拍了一下，说："舒昂老师非常棒，我肯定你们今后会比女生更喜欢他。"

"噢哦——"

男生们怪声怪气，而且还做着各种各样的鬼脸。

选自《女生日记》

24. 生活老师重重地在原地踏步，把脚步声清晰地传到马小跳的耳朵里。

“哈哈，这个花冬瓜终于走了。”

生活老师很胖，又爱穿大花的连衣裙，马小跳背地里叫她花冬瓜。

马小跳蹑手蹑脚从卫生间里出来。一出来就被生活老师逮个正着。

“你……你不是走了吗？”

“这叫道高一尺，魔高一丈。”生活老师提着马小跳的衣领，像老鹰抓小鸡，“你这点小花招，今后少跟我耍。”

生活老师押着垂头丧气的马小跳，像押着刚刚打了败仗的俘虏，向那间摆满了小木床的休息室走去。

选自《淘气包马小跳系列·轰隆隆老师》

25. 来我们班做实习老师的那个像姐姐一样的大女孩姓艾，我们当面叫她“艾老师”，背后却叫她“洋娃娃老师”，因为她有一双亮晶晶的圆眼睛，有很长很长的眼睫毛，欧亚菲说起码有一厘米长。萧依依说是不是假的呀？她小姑的眼睫毛就很长，但是是粘在眼皮上的假睫毛。

洋娃娃老师的眼睫毛是真？是假？欧亚菲不相信是假的，说我们一起去问洋娃娃老师。

“艾老师，可不可以问你一个问题？”

“当然可以，问吧！”

“你的眼睫毛是真的，还是假的？”

“来，你们用手拉一拉！”

洋娃娃老师闭上眼睛，又长又密的睫毛盖在脸上，就像两道美丽的黑弧。

选自《五·三班的坏小子》

26. 秦老师问唐飞："知道为什么叫你到办公室来吗？"

唐飞知道，肯定是为摄像机的事，但他偏装傻。

"不知道。"唐飞不笑的时候，样子很憨厚，"自从上次秦老师教育了我，我一直要求自己相当地严格。"

秦老师看着唐飞，足足有半分钟。全班所有的男生，秦老师觉得最难对付的就是唐飞。他见多识广，只要能蒙混过关，能蒙就蒙。

"唐飞，看着我的眼睛！"

唐飞只看了一眼，目光赶紧躲开。他觉得秦老师的眼睛，简直就不是眼睛，是B超的探头，能看清他的五脏六腑。

看情形，秦老师该知道的都知道了，既然蒙混不过去，唐飞马上采取自救措施——坦白从宽。

选自《淘气包马小跳系列·跳跳电视台》

27. 真是新鲜事，老师给学生道歉，同学们还从来没有见过。

米老鼠转过头来问肥猫："米老师真的要给我们道歉呀？"

米兰催道："你们几个快上来呀！"

肥猫拿不定主意，到底是上还是不上。

"我看还是免了吧！"英花轮大模大样地站起来，"他们几个经常被老师错误地怀疑，也没见哪位老师向他们道过歉。"

米兰说："老师和学生的关系，首先应该是平等的关系。为什么老师错怪了学生，就不能给学生道歉呢？"

肥猫带头，米老鼠、豆芽儿和兔巴哥都跟着上去了。

米兰让他们站成一排，然后恭恭敬敬地向他们鞠了一躬："错怪你们了，请原谅！"

同学们都鼓起掌来。

肥猫傻笑着，兔巴哥满脸通红，豆芽儿喜滋滋地伸长了细脖子。只有米老鼠沉得住气，他一本正经地说道："米老师，我们原谅你了。"

选自《漂亮老师和坏小子》

老师和家长

1. 马天笑先生像个犯错误的小学生，低着头，笔直地站在秦老师的跟前。秦老师以为他在洗耳恭听，其实他一句都没有听进去，他还在使劲地回忆，家庭联系本上的那些话，是他什么时候写的。

秦老师继续训道："做家长的，对自己的孩子应该严格要求，而不应该动不动就给老师提意见。我看马小跳今天这个样子，你这个做爸爸的要负主要责任。"

秦老师越说越生气，脸涨红了，声音也提高了。

马天笑先生还是低着头，像小学生那样毕恭毕敬地站在秦老师的面前。秦老师这番生气的话，他还是一句都没听进去。他仍然在想：他什么时候在家庭联系本上写的那些话？

选自《淘气包马小跳系列·轰隆隆老师》

2. 好不容易等到那些家长都走了，秦老师这才注意到，空空荡荡的教室里，只有丁克舅舅一个人，还老老实实地坐在那里。

"你是……"

"我是马小跳的家长。"

丁克舅舅站起来，毕恭毕敬。他想对秦老师笑一下，可实在笑不出来，所以嘴巴只歪了一下。

秦老师用怀疑的目光，把丁克舅舅从头看到脚，又从脚看到头。特别看了他穿的衣服，衣袖在手肘处，裤脚在小腿处。她怀疑这套衣服是偷的。

"我是马小跳的舅舅。"

"为什么马小跳的爸爸不来？"

"出差了。"

"他的妈妈呢？"

"也出差了。"

秦老师盯住丁克舅舅的眼睛，目光像锥子一样尖锐。这样的目光，能看穿所有的谎言。

选自《淘气包马小跳系列·丁克舅舅》

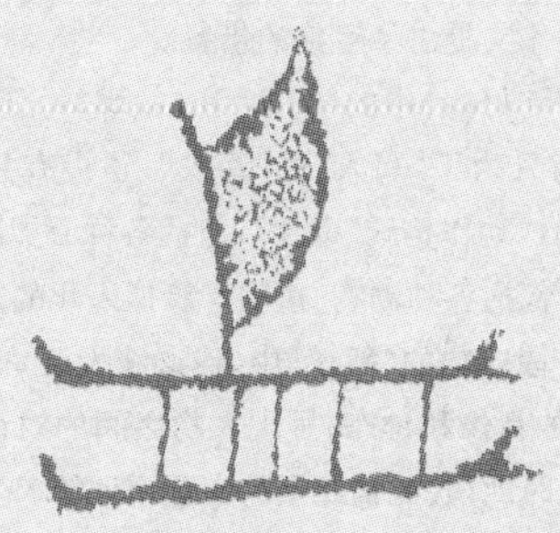

社会生活

这里的“**社会生活**”指小主人公们在校园和家庭之外的生活故事。

杨红樱作品叙述了小主人公们丰富多彩、精彩迭现的社会生活。所以，在这一部分，你不仅能看到男生女生们在课余时间日常发生的故事，还可以看到发生在都市、郊区和野外的许多“意外事件”；你不仅能看到男生女生们在暑假寒假、军训期间独特的生活经历，以及种种开心的课外娱乐活动；还可以看到身手不凡的小主人公们在沙漠、海洋、山林探险的种种奇遇。

杨红樱作品中的“叙事”，站在小读者的立场，带着孩童的口吻，开门见山、单刀直入地开始故事，清楚明了地描述事件的发生、发展。依一条主情节线索富有层次和节奏地一步一步交代和呈现事件的来龙去脉而并不横生枝节，并极善于言简意赅、要言不烦地对某一事件加以概括或总结。杨红樱作品中那些采取写日记的形式，以第一人称的口吻讲述故事的精彩片段，更为小读者学写作文提供了直接的借鉴。

《杨红樱好词好句好段》中的《写人》和《叙事》两册可以互相比照着来阅读。其实，并没有只为了“写人”的“写人”，也没有只为了“叙事”的“叙事”。人的行为、行动或动作构成“事件”，包括各种心灵事件；而事件发生和存在的主体是人物，包括各种动物、植物等等拟人化的文学形象，人与事密不可分。所以，在一段成功的“叙事”中，你必将发现许多精彩的“写人”片段，比如，刻画人物的肖像和神态，呈现人物之间的对话，交代人物的动作或行为，分析人物此时此地、此情此景的心理活动等等。

日常生活故事

男生们

1. 接连三天的人气榜，马小跳的人气如芝麻开花节节高，到最后一天，人气直冲云霄，终于超过了一直稳居榜首的完美女孩王天骄。

就这样，马小跳成了超级市长。

选自《淘气包马小跳系列·超级市长》

2. 星期六的上午，约好九点钟在那家英文书店门口集合。锣齐鼓不齐，等了这个等那个，幸好这个地方正对着丁克舅舅住的那座大楼的自动玻璃门，没看见丁克舅舅从里面出来。都快十点了，才把最后一个到的唐飞等来。

选自《淘气包马小跳系列·丁克舅舅》

3. 这天下午，只上两节课，放学很早，马小跳恨不得插上翅膀，一下子就能飞到麦冬娜姐姐那幢小房子里。可是，他那三个形影不离的好朋友唐飞、张达和毛超，就在他的身边，他得想办法甩掉他们。不是他不想带他们去，他是怕麦冬娜姐姐不喜欢他们。麦冬娜姐姐刚见到他时，就很不喜欢他。

选自《淘气包马小跳系列·宠物集中营》

4. 就像猎手发现了猎物，毛志达又用两根手指头端起米老鼠的尖尖下巴，张大嘴巴“啊”了一声。像条件反射似的，米老鼠也跟着“啊”了一声，毛志达就看见了他的牙齿，两颗门牙向外暴出，中间还有一条很宽的缝。难怪米老鼠说话老有“嗞嗞”的声音，就是从这条缝里漏出来的。

选自《漂亮老师和坏小子》

5. 马小跳终于出现了。他的手里也提着一个袋子，正从湖的对岸匆匆忙忙地向我们这边走来。他的身后还有几个人，鬼鬼祟祟地跟着他。我认识这几个人：一个是胖得像企鹅的唐飞，一个是瘦得像猴子的毛超，还有一个是嘴巴大得像河马的张达。

选自《笑猫日记·想变成人的猴子》

6. 米老鼠熟门熟路，那天送"公主"到过米兰的家。他雄赳赳地在前面带路，肥猫、豆芽儿和兔巴哥甩手甩脚地跟在后面。一路无话，各人心里都在咚咚地打鼓。这毕竟不是去张三的家，也不是去李四的家，这是去米老师的家呀！

选自《漂亮老师和坏小子》

7. 毛志达的这间诊室不大，有一股很浓的酒精味道。兔巴哥一闻到酒精味道就发晕，再看见白色盘子里那些冰冷的器械，闪着道道寒光，浑身的汗毛都竖起来了。

最喜欢到处摸摸搞搞的米老鼠，这时也蹑手蹑脚的。

选自《漂亮老师和坏小子》

8. "Miss 张和你舅舅又没有结婚，自由竞争嘛，她也可以是我的舅妈。"

Miss 张是马小跳费尽心思给他舅舅丁克找来的女朋友，而他舅舅挑女朋友早已挑花了眼，好容易挑中了 Miss 张，马小跳岂容唐飞抢走他未来的舅妈?!

马小跳恼羞成怒，他真想对着唐飞那张肉饼脸就是一拳，无奈他的手被束缚在睡袋里，不能动弹。

选自《淘气包马小跳系列·寻找大熊猫》

9. 斗牛狗拉登真的惹麦冬娜姐姐生气了。她转身回屋里去了，细高跟皮靴踩在地上，发出笃笃的声响。

拉登跟着麦冬娜姐姐，马小跳、唐飞、张达和毛超跟着拉登，一同进了屋。

麦冬娜姐姐坐在客厅正中那把太妃椅上，马小跳他们四个，像麦冬娜姐姐的四个贴身侍卫，成扇形侍立在太妃椅的后面，对拉登怒目而视。

选自《淘气包马小跳系列·宠物集中营》

10. 马小跳一厢情愿，他想让他最喜欢的林老师做他的舅妈，绞尽脑汁，让林老师到他家来家访，然后陪他们去玩陶吧，玩布吧，本以为玩着玩着，丁克舅舅和林老师就玩到一起了。没想到，半路杀出个黄老鸟，结果他跟林老师好了。

马小跳忙来忙去，没给丁克舅舅帮上忙，倒给黄老鸟帮了个忙。

选自《淘气包马小跳系列·丁克舅舅》

11. “为什么不让鲁肥肥做评委？”姚诗琪站出来为鲁肥肥打抱不平，“如果你要和冉冬阳搞什么大比拼，只有吴缅是不能做评委的，因为他肯定偏向冉冬阳。”

姚诗琪真是语惊四座，她在任何地方都不甘寂寞，我不明白她为什么那么嫉妒冉冬阳，真后悔今天把她带来。都怪鲁肥肥！

选自《男生日记》

12. 丁克舅舅告诉马小跳，酒吧里的这些人大多数跟他一样，干IT业的，还有医生、老师、工程师、记者。

“有没有像我这样的小学生？”

“没有。”丁克舅舅回答得斩钉截铁。马小跳像黏黏草，一粘上就麻烦了。

选自《淘气包马小跳系列·丁克舅舅》

13. 肥猫一下子瘫在椅子上：“只好喝小杯的可乐了。”

“不，还是喝大杯的吧！”

有人放了一张五毛的角票在桌子上，那搭在钞票上的手指，涂着透明的指甲油。

奇怪，怎么会突然冒出个美女？而且是他们喜欢的那种类型的美女：长睫毛，大眼睛，长头发，穿白T恤，穿低腰的牛仔裤，裤腰上松松地系一条宽皮带。

选自《漂亮老师和坏小子》

14. 豆芽儿一边喝可乐，一边用羡慕的眼光看着那边的青年男女，自言自语：“如果能有一种药，吃下去后一下子就可以长到他们那么大，多好啊！”

肥猫指着豆芽儿的鼻子问：“你想快点长大谈恋爱，是不是？”

米老鼠拉拉肥猫和豆芽儿的衣服，小声说：“你们看出来没有，这几个大男生，谁在追求米老师？”

八颗眼珠子就滴溜溜地转起来，不一会儿，就看出来了。

选自《漂亮老师和坏小子》

15. 米老鼠和兔巴哥的牙齿在毛志达的牙科诊所矫正后，不到三个月的时间，已初见成效。米老鼠的那两颗大门牙，不再像从前那样，要突破嘴唇似的飞将出去；而兔巴哥的牙齿也不像从前那样，歪瓜裂枣，乱七八糟。当然，要想有像毛志达那一口整齐的牙齿，戴着牙箍至少还得过一年半载。现在，他俩还会不定期地去牙科医院找毛志达，看牙齿已是次要，主要是找毛志达玩，他们觉得像毛志达这么好玩的大人实在太少，简直是凤毛麟角。

选自《漂亮老师和坏小子》

16. 马小跳叫起来："它们还没有长大，它们还是小羊呢！"

"没长大的羊吃起来才鲜嫩！"河马大叔不再理马小跳，他对马天笑先生说，"这些羊最大不过一百天，那味道鲜嫩得……啧啧啧……"

河马大叔馋得口水都快流下来了，他咕噜咕噜地吞着口水，核桃大的喉头在脖子那里滚来滚去。马小跳很奇怪："河马大叔那么喜欢吃，吃那么多东西，怎么还那么瘦？"

选自《淘气包马小跳系列·贪玩老爸》

17. “毛超，废话少说！”马小跳心急火燎地说，“我们兵分几路，快去把乌龟找回来。”

“心急吃不了热豆腐。”毛超拦住大家，“我们得先分析分析，乌龟会到什么地方去。”

马小跳分析道：“乌龟会游泳，它一定会去一个有水的地方。”

“我知道了……”毛超恍然大悟。

“我也知道了。秘密山洞！”

马小跳他们异口同声地大叫，然后一齐冲出门去。

选自《笑猫日记·能闻出孩子味儿的乌龟》

18. 拉登脑袋往下一耷，墨镜就掉下来了，露出两只大得吓人的眼睛。唐飞有些发憷，他悄声问马小跳：“它会不会咬人？”

“不知道。”马小跳也悄声说道，“我只知道它是个暴脾气。”

一听这句话，唐飞就蹲下来了，太妃椅的椅背刚刚可以挡住他。毛超也蹲下来了，他跟唐飞一样胆小。张达的身上起了一层鸡皮疙瘩，但他还挺得住。马小跳本来就是个好事分子，他巴不得这狗有什么举动，那才好玩呢！

选自《淘气包马小跳系列·宠物集中营》

19. 麦冬娜姐姐哭了起来，哭得很伤心。

马小跳小心翼翼地问："你的爸爸妈妈呢？难道他们都不爱你吗？"

"你不要在我面前提起他们！"麦冬娜摇晃着一头乱糟糟的头发，像一头愤怒的母狮子，"在我两三岁的时候，他们就离婚了，他们两个都不要我，只有外婆要我，我恨他们两个……"

难怪马小跳一见到麦冬娜姐姐，就觉得她是个冷酷的人、无情的人，原来她心中有这么多的恨。而她惟一爱的人——从小把她养大的外婆，现在又离她而去。

选自《淘气包马小跳系列·宠物集中营》

20. 司机小王已经第二次催他们上车了。唐飞不得不去打这个电话。

我看见毛超在一旁偷偷地笑，还听见他在对马小跳说："唐飞真是一条好汉，明知山有虎，偏向虎山行。"

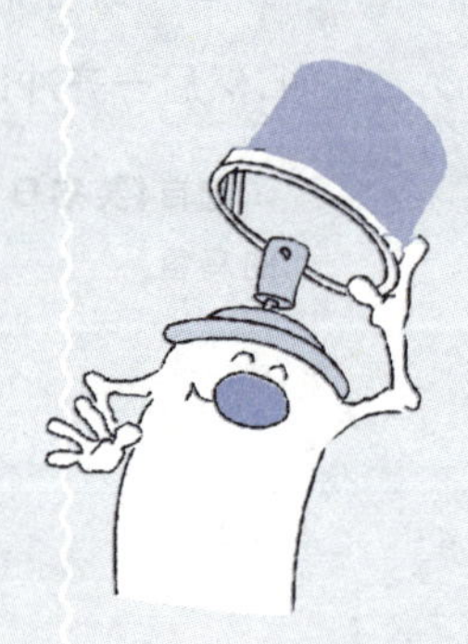

马小跳和张达都笑了，因为一看唐飞灰溜溜的样子，就知道杜真子的妈妈肯定给了他当头一棒。

"笑什么笑？还不快走！"

唐飞气呼呼地上了车。他坐在司机小王旁边的副驾驶的座位上，马小跳、张达和毛超并排坐在一起，我坐在马小跳的身上。

选自《笑猫日记·幸福的鸭子》

21. 四个人一起往前冲,他们只是想看看报名是怎么个报法。

“排队!排队!哪里来的野孩子,这么不懂规矩!”

家长们对他们怒目而视。

四个人灰溜溜地排在队伍的最后端。看着有点灰溜溜的马小跳,毛超说:“你还不想让我们来,如果我们真的不来,你会相当地孤苦伶仃。”

现在,毛超也被唐飞传染了,话语间频繁地加入“相当地”。

选自《淘气包马小跳系列·超级市长》

22. 古龙飞是个缺心眼儿的人,他看书架上有一幅吴缅妈妈的照片,就把他那些美人卡跟吴缅妈妈的照片摆在一起,没心没肺地说:“吴缅你看一看,比一比,你妈妈怎么能跟她比?”

我看见吴缅气得脸上的五官都走了形,猛一拳打在古龙飞脸上,血从古龙飞的鼻子里流出来。

“流血了!”

我尖叫一声。

见自己流了血,古龙飞哪里肯输下这一拳?他向吴缅扑去,两人扭作一团。

选自《女生日记》

23. 麦冬娜姐姐是个急性子，说干就干。她马上打电话请来工人，马小跳他们几个人一起动手，不过一个下午，就把那座灰色的小楼房，变成了红房子。

多漂亮啊！红色的房子配上白色的格子窗，现代都市里已见不到这样的红房子了，只有在童话世界里，才有这样的红房子。

毛超又想入非非了："如果有一个公主住在红房子里就好啦！"

麦冬娜姐姐做公主状："难道我不是公主吗？"

选自《淘气包马小跳系列·宠物集中营》

24. 就这样，每天下午放学路上，只要一进入那条卖小宠物的小街，杜歌飞的快乐时光就来临了。

"嘚儿驾，嘚儿驾！"

杜歌飞幻想着自己骑着马儿，奔驰在令他满心喜悦的地方。

因为这是一条步行街，没有汽车，也没有自行车，所以杜歌飞可以骑着"马儿"长驱直入。他得意威风，像检阅士兵的将军，街两边的宠物都在向他行注目礼。

杜歌飞从街这头骑到街那头，又从街那头骑到街这头，自由自在，目中无人。人们都忙着卖宠物或买宠物，没有人会注意一个跑来跑去的小男孩。

选自《小男生杜歌飞》

25.“毛志达！毛志达！”

他们从一楼叫到三楼。从三楼的一个门里冲出一个穿白大褂、戴白帽子、大口罩的人来，一手抓住兔巴哥的胳膊，一手抓住米老鼠的胳膊，把他们拖进那道门里。

“在这里不许高声喧哗！”

这个人就是毛志达。

兔巴哥和米老鼠觉得很奇怪，毛志达不戴口罩的时候，眼睛鼻子嘴巴在一起看，是一张嘻皮笑脸。现在戴上了大口罩，只露一双眼睛，怎么就成了一副凶神恶煞的模样了？

选自《漂亮老师和坏小子》

26.唐飞戴上潜水镜，手里捏着十元的钞票，大摇大摆地朝对对眼走去。

对对眼笑脸相迎：“小胖子，你想和猴子拍照吗？来，把钱给我！”

唐飞乖乖地把十元钱交给对对眼。

对对眼接过钱，飞起一脚，踢在唐飞的屁股上。

“想跟我玩儿？你还嫩了点！快滚！”

看唐飞挨了打，张达带头从花墙后面冲了出来。我也狞笑着伸出利爪，朝对对眼扑去。

我们人多势众，把对对眼吓得屁滚尿流、连滚带爬地逃走了。

选自《笑猫日记·想变成人的猴子》

27.“是她，肯定是她！”肥猫一把抓住罗莉娜的胳膊，“快告诉我，她在哪里？”

“该死的肥猫，你放开我！”

肥猫放开罗莉娜，罗莉娜的胳膊上被肥猫捏出几道红印，肥猫赶紧向那里吹气。豆芽儿、米老鼠急于想知道米兰在哪里，也做出巴结的样子，给罗莉娜的胳膊吹气。

罗莉娜一边享受着几张嘴吹出来的气，吹在胳膊上痒酥酥的，一边说道：“在广播里只听得声音，看不见人，我怎么知道米兰在哪里？”

肥猫他们立即停止吹气，对罗莉娜怒目而视，大有上当受骗的感觉。

选自《假小子戴安》

28.马小跳这才从大石头后面现出身来，大模大样地走到几个大人的面前，完全是一副胜利者的姿态。

看着马小跳，马天笑先生和河马大叔有一种失而复得或久别重逢的感觉。他们跑过来要拥抱马小跳，马小跳很冷静地把他们推开了。

“马小跳，你怎么啦？”

马小跳做出思想家的样子，对他们横眉冷对：“我发现——”

“你发现了什么？”

马天笑先生和河马大叔迫不及待地问道。

马小跳说出一句十分深刻的话来：“我发现，最坏的动物是人。”

选自《淘气包马小跳系列·贪玩老爸》

29. 毛超大摇大摆地开门出去了。

“他马上就会回来。”马小跳对唐飞和张达说,“灰溜溜地回来。”

马小跳的话音刚落，毛超就灰溜溜地回来了。

“马小跳,你怎么不早说她妈在家里？一开门,就把我吓得半死,活像母老虎。”

“怕什么？是像母老虎,又不是真的母老虎。我去！”

唐飞去了不到两分钟，便灰头土脸地回来了。

“气死我了！”唐飞的脸都被气红了,“她妈一打开门，就把我臭骂了一顿。”

马小跳推推张达:“现在轮到你去了。”

“我……不去。”张达甩开马小跳的手,“等她妈走了,我再去。”

选自《笑猫日记·能闻出孩子味儿的乌龟》

30. 毛志达扛着那把铝合金梯子,他总觉得有人在看他,就把帽子压得很低,把皮茄克的衣领竖起来,眼神躲躲闪闪,有些鬼鬼祟祟的样子。

米老鼠问兔巴哥:“你看毛志达的样子像什么？”

兔巴哥说:“像要翻墙偷东西的样子。”

“叽叽叽！”

米老鼠笑得打嗝。

毛志达又往上爬，刚爬了几级，忽听一声巨吼:“干什么？”

毛志达从梯子上摔下来。

“我已经观察你们很久了,你们到底要干什么？”

这是一个像巨人一样的老头儿,红脸膛、金鱼眼睛,说话时像拉风箱一样轰轰地喘着粗气。

选自《漂亮老师和坏小子》

31. 我给鲁肥肥打电话。每当我一筹莫展的时候，他那张可爱的胖脸就会浮现在我的眼前。

一听到我的声音，鲁肥肥的话匣子就打开了。

“嘿，哥们儿，你到哪儿神游去了？我和古龙飞哥儿几个正想到处张贴寻人启事寻你呢……”

我叫他住嘴，一刻钟以内，必须赶到我家里来。

不到 10 分钟，鲁肥肥就来了。他满脸通红，张着嘴大口喘气。

“吴缅，你家没有着火呀！”

我说是“贝多芬”生命垂危。我们是不是要把“贝多芬”送到狗医院去？

“人的病我不敢看，狗的病我能看个八九不离十。”

我不知道鲁肥肥还有这个特长。

鲁肥肥背着双手，装模作样地看了一会儿说：“这‘贝多芬’是吃多了，消化不良。”

选自《男生日记》

32. 肥猫故意刁难毛志达："毛志达，你在等我们，还是在等米老师？"

明知故问，毛志达恨不能一拳打在肥猫那正坏笑着的胖脸上，但他不能，他是米兰的学生，他得跟他们搞好关系。

"都等，都等。"毛志达的脸上挤出一点点笑来，"你们米老师什么时候出来？"

"这可难说。"豆芽儿比肥猫还坏，"今天是周末，说不定米老师在等白副校长一块儿去度周末呢！"

毛志达挤出来的那点笑僵在脸上，看起来就有些可怜："哦，是这样啊？"

"毛志达，你别信他的。"米老鼠毕竟是毛志达的铁杆同盟军，肥猫和豆芽儿占了毛志达的上风，就等于是占了他和兔巴哥的上风，"兔巴哥，你跑去给米老师说一声，毛志达来了。"

兔巴哥是飞毛腿，如离弦之箭一般，向学校射去。

毛志达伸长了脖子，眼睛一眨不眨地看着兔巴哥。兔巴哥已经跑不见了，他还看着。

豆芽儿拉拉毛志达的衣袖："毛志达，你眼珠掉出来了。"

选自《漂亮老师和坏小子》

33. 当唐飞他们数到一百的时候，马小跳的上牙和下牙就开始打架了。

“嗒嗒嗒！”“嗒嗒嗒！”

唐飞停止数数，去问马小跳：“你的牙齿怎么了？”

马小跳双手紧握桶沿：“继续！”

数到一百五十，马小跳的嘴唇开始变颜色了。

毛超停止数数，去告诉马小跳，他的嘴唇已经紫得发乌了。马小跳还是冲他们叫着：“继续！”

数到一百六十五，马小跳开始全身发抖。

阿空担心马小跳真的会被冻出毛病来，忙说：“马小跳，别硬撑了！”

阿空要去把马小跳从大木桶里抱出来，马小跳却挡开了他的手：“继续！”

数到一百八十，马小跳的全身抖得更厉害了。

唐飞一半是怕马小跳超过他，一半是真的为马小跳担心，他大叫：“马小跳，你不要命啦？必须马上停止！”

马小跳却有气无力地说：“继续……”

数到了一百八十二，阿空强行把马小跳从大木桶里抱了出来。

选自《笑猫日记·幸福的鸭子》

女生们

1. 进了公园，沙丽的爸爸妈妈果然和我们分道扬镳，手挽手地向梅花盛开的地方走去。

莫欣儿望着他们的背影，看呆了。

沙丽去拉莫欣儿："走呀，看什么看？"

"你爸爸妈妈多好呀！"莫欣儿喃喃道。

选自《女生日记》

2. 我突然失踪，这又让杜真子着急起来。

我叫了两声。

山洞外传来一阵窸窸窣窣的响声，我知道，这是杜真子拽着藤蔓找来了。

我又叫了两声。

聪明的杜真子撩开那些垂挂在洞口的藤蔓，她看见了一个山洞，她看见我就在山洞里面。

选自《笑猫日记·想变成人的猴子》

3. 孟小乔坐上秋千，小人精把她往前一推，然后跳到孟小乔的身边。

秋千越荡越高，越荡越高，荡得比飞翔的小鸟还高了。孟小乔微微眯了眼，听风在耳边呼呼地吹，仿佛已成了那个图片中的长发女孩。

"小人精，我的头发飘起来了没有？"孟小乔记得图片中的长发女孩在荡秋千的时候，头发是高高飘起的。

"飘起来了，像一面黑色的旗帜。"

选自《那个骑轮箱来的蜜儿》

4. 莫欣儿的家很漂亮，客厅的落地窗处放着一架台式钢琴，姚诗琪径直走过去，坐在琴凳上，弹了一首曲子。

一曲完后，冉冬阳使劲地鼓掌，一脸钦羡的表情。当然，鲁肥肥鼓掌鼓得更响，我想他的手已经拍红了。姚诗琪的嘴角挂起一丝嘲讽的笑，其实这样的一支曲子，对她来说，真是小菜一碟。

姚诗琪扭过头来问冉冬阳："你会弹琴吗？"

冉冬阳说她不会，莫欣儿会。

姚诗琪从琴凳上站起身来，对莫欣儿做了个"请"的手势，大有一比高低的架势。但莫欣儿比冉冬阳有心眼儿，她已看出了姚诗琪的不友善，她并不接招。

选自《男生日记》

5. 孟小乔和傅琳琳简直不敢相信自己的眼睛，是怪老头儿站在他的小院门口在向她们招手，而且，已经为她们挂好了球网。

"这怪老头儿葫芦里卖的是什么药？"傅琳琳气呼呼地说。

"小院那里怎么那么暗呀？"孟小乔抓紧了傅琳琳的手，"我总觉得那里鬼气森森的。"

怪老头儿见孟小乔和傅琳琳不肯过去，失望地回到小院里，关上了门。他那张因多日没有晒到太阳的脸显得更加苍白，更加浮肿，使他看起来更加可怕了。

选自《那个骑轮箱来的蜜儿》

男生女生

1. 杜真子已经在指挥大家干活了。刚好有四把锄头，马小跳、唐飞、毛超和张达正好一人一把，她叫他们去挖地。又叫夏林果和路曼曼去收拾杂草。

四个男生找着锄头乖乖地去了。听杜真子的使唤，习惯已经成自然。这又让路曼曼心里不是滋味：这几个男生从来没有乖乖地听她摆布过。

选自《淘气包马小跳系列·巨人的城堡》

2. 杜真子盛气凌人，把白雪公主在四个小矮人心目中的美好形象，破坏得一干二净。

因为太想吃白雪公主的土豆沙拉了，四个小矮人只好忍气吞声，跪在地板上，像电影里的小长工那样，擦起地板来。

选自《淘气包马小跳系列·疯丫头杜真子》

3. "好了。"蜜儿说，"我要去做晚饭了，你们开始排练吧！"

孩子们坐在地毯上听孟小乔朗诵剧本。他们不知不觉地都爱上了自己将要扮演的角色，刚才的种种顾虑现在都荡然无存，似乎这些角色本来就应该由他们来演，而且只有他们才能演好。

选自《那个骑轮箱来的蜜儿》

4. 路曼曼说了丁文涛许多非凡之处，想压住马小跳的风头，结果没压住，她爸爸妈妈各牵了马小跳的一只手，把他拉到晚饭桌上，让他坐上了贵宾席——就是正对着门的那把椅子。

马小跳很少受到这么隆重的待遇，没喝酒都有些飘飘然了。他不顾路曼曼一直拿眼睛瞪他，起码在饭桌上炫耀了三遍：他是代表全班同学来看望路曼曼的，他来了，就等于全班同学都来了。

选自《淘气包马小跳系列·同桌冤家》

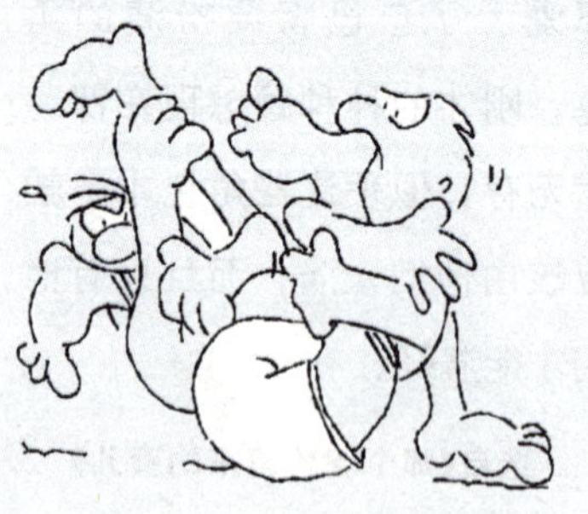

5. 又有人按门铃。

马小跳一看是毛超。总觉得他今天不顺眼，但没看出不顺眼的地方在哪里。

“毛超，你头发上是不是擦了摩丝？”

听安琪儿这么一说，马小跳恍然大悟：他是看着毛超油光水滑的头发不顺眼。

还有不顺眼的地方：天气那么热，毛超居然穿着一件高领毛衣。

“我妈说，我一说话，脖子上就暴青筋，穿上高领衣服，电视观众就看不出来了。”

选自《淘气包马小跳系列·跳跳电视台》

6. 安琪儿的妈妈终于出门了。她一上电梯，几个男孩子就一窝蜂地扑到安琪儿家的门口。我也跟了出去。

"安琪儿，快出来跟我们玩儿！"几个男孩子大声叫着。

我听见安琪儿在里面哭着说："我妈妈把门反锁了，我出不去。"

"安琪儿，你不要哭。我给你讲个笑话吧！"

在安琪儿家的门外，毛超绘声绘色、手舞足蹈地讲起笑话来。

"你的表情不用那么丰富，安琪儿又看不见你的表情。"唐飞觉得毛超纯粹是在浪费表情。

毛超顿时觉得挺没趣。

选自《笑猫日记·能闻出孩子味儿的乌龟》

7. 唐飞和张达看着马小跳，眼神有些异样："马小跳，我们昨天辛辛苦苦找了一天。你为什么要骗我们？"

"马小跳没有骗你们。"杜真子说，"昨天，乌龟真的不见了。"

"我们可以不相信马小跳，但是我们必须相信杜真子。"

唐飞的话激怒了马小跳："你们凭什么只相信杜真子，不相信我？你们还是不是我的好朋友？"

"好吧！那我们就相信你。但是，你能明明白白地告诉我们，乌龟是怎么回来的吗？"毛超问道。

这个问题对我来说，太容易；对马小跳来说，太难，因为他不知道乌龟有"穿墙而过"的功夫。

"他是怎么出去的，就是怎么回来的。"

选自《笑猫日记·能闻出孩子味儿的乌龟》

8. 夏林果看墙上的飞镖靶看得特别仔细，看着看着就笑起来。

“夏林果，你看见什么了？”

夏林果不回答路曼曼，笑得更厉害了，眼泪都笑出来了。

路曼曼冲过去看那个飞镖靶，看着看着，脸就变了形，眼睛里还有泪花。

“马小跳，你……”

“怎么啦？”马小跳做出无辜的样子，“我又没惹你。”

路曼曼指着靶心，气得快说不出话来：“你想……杀死我？”

选自《淘气包马小跳系列·同桌冤家》

9. 路曼曼走过来，站在马小跳的身边。

“快敲呀！”

马小跳一掌敲在木板上，木板飞到一边去，蛋也飞到一边去，摔个稀巴烂。

“哈哈哈！”

“哈哈哈！”

路曼曼和夏林果笑得在沙发上滚来滚去。

马小跳无地自容，怎么会出这样的丑？自从他学会玩这个魔术，几乎就没有失过手。都怪路曼曼，她到底是人还是妖？她一站在他的身边，运到手上的气就都跑掉了。

选自《淘气包马小跳系列·同桌冤家》

10.远处渐渐传来一阵奔跑的脚步声，越来越近了。突然，洞口的藤蔓被撩开，马小跳和杜真子冲了进来。

“杜真子，你输了！”马小跳说，“我说他们在这里，你还不相信！”

“前天我们到这里来找乌龟，为什么没有找到呢？”

除了我，我敢说没人能回答这个问题。

见洞里还积着水，马小跳便准备把我和乌龟再带回家去。

杜真子说：“乌龟是不怕水的。笑猫和乌龟一起离家，肯定是想念这个山洞了。我们还是尊重他们的意愿吧！”

杜真子真是一个善解猫意、善解龟意的好女孩儿。

选自《笑猫日记·能闻出孩子味儿的乌龟》

11.“说错了！说错了！番茄就是西红柿，西红柿就是番茄。”

毛超叽叽呱呱，滔滔不绝，把人说得昏头昏脑的。除了安琪儿，居然没人听出他话中的错来。

“马小跳，你怎么当的导演？”杜真子把淘好的米放一边，“是拍我做饭，还是拍毛超的脱口秀？”

马小跳也嫌毛超的话太多，他劝毛超少说点。

“让安琪儿来试一试。”杜真子说，“她可以一边跟我学，一边问一些简单的问题。”

“安琪儿不是主持人，我才是主持人。”

唐飞提醒毛超：“副的。”

杜真子说毛超的长相鬼精鬼精的，给人一种“不用学，什么都会”的印象。而安琪儿长了一双充满问号的眼睛、一张虚心学习的脸，非常适合跟她做搭档。

选自《淘气包马小跳系列·跳跳电视台》

12. “杜真子，你是不是知道我们要来，所以早就把火龙果给我们准备好了？”

“想得美！”杜真子说，“我和马小跳还没吃早餐呢。这是我们的早餐。”

“张达、毛超，你们听说过有早餐吃火龙果的吗？”

张达摇头：“没……有。”

毛超更是一本正经：“没有，从来没有。”

“听见没有？”唐飞说，“早餐就应该喝牛奶，吃面包。吃火龙果，怎么能填饱肚子？”

“就是，就是。”毛超连声附和道，“火龙果应该是招待客人吃的。”

杜真子说：“火龙果是安琪儿送给马小跳的。你们好意思吃吗？”

唐飞他们三个人立刻笑成一团。

杜真子不明白他们为什么笑，我也不明白。

“有什么好笑的？”杜真子问。

唐飞笑得直打嗝儿：“你去问马小跳。”

马小跳恼羞成怒，他像一头愤怒的小狮子，向唐飞猛扑过去。张达挺身而出，挡在马小跳和唐飞的中间。

选自《笑猫日记·能闻出孩子味儿的乌龟》

外出活动故事

假期生活

1. 老爸开始倒腾他的摄影器材，强巴帮他扛三脚架，我帮他背摄影包。那几个藏族孩子好奇地看着我们，他们的脸上都有两团高原红，黑白分明的眼睛清澈无比。

选自《男生日记》

2. 悍马越野车开得像飞一样，车窗外面的高楼从我们的眼前一晃而过。出了城，高楼越来越少，绿地越来越多。一路上，马小跳、张达和毛超都兴高采烈，唐飞却闷闷不乐，我也闷闷不乐。

选自《笑猫日记·幸福的鸭子》

3. 丁克舅舅开着车，在凌晨的高速公路上一路狂奔。

天还没有亮，公路上的车很少，一路畅通无阻，不到三个小时，就开到了盘龙山脚下。

选自《淘气包马小跳系列·丁克舅舅》

4. 张达向马小跳他们一招手，毛超动作最快，嘴巴也最甜，扑到老太太跟前就叫"外婆"。张达的外婆，就是他们几个的外婆，这是理所当然的。他们几个争先恐后地叫着"外婆"。

老太太心花怒放，突然间冒出这么多"外孙"来，她笑得嘴都合不上。

选自《淘气包马小跳系列·巨人的城堡》

5. 马小跳和小非洲悄悄摸到糊涂爷的身边，看到他只穿了件白布短褂，肚皮鼓鼓地露在外面，像个大白瓜。

马小跳用一根玉米秆，去拂糊涂爷的肚子。糊涂爷一巴掌打在肚皮上，翻了个身又睡去了。

选自《淘气包马小跳系列·暑假奇遇》

6. 马小跳的话，小非洲不是全都能听明白。这个城里来的孩子，奇怪的念头层出不穷，而且很会玩，花样翻新地玩。小非洲天天看着黑旋风，他就从来没想到过把猪当马骑，让猪拉车，让猪滑滑板，更没有想到给猪穿上溜冰鞋……总之，小非洲喜欢跟马小跳在一起玩，他觉得马小跳很好玩而且很会玩。

选自《淘气包马小跳系列·暑假奇遇》

7. 一转眼，马小跳到乡下奶奶家过暑假快两个星期了，他玩得如鱼得水，他的玩伴除了那个跟他一般大、黑得像非洲孩子似的小非洲以外，还有奶奶家那头无所不会的猪——黑旋风、爱管闲事的大黄狗和一本正经的老白鹅。

选自《淘气包马小跳系列·暑假奇遇》

8. 从见到卓玛的第一眼起，温迪就喜欢上了这个聪明、漂亮的藏族小姑娘，她喜欢卓玛那又长又直的黑头发，喜欢她那被山风吹得黑里透红的脸蛋，喜欢她色彩浓烈的藏袍，喜欢她那挂在脖子上的绿松石、黄玛瑙、红珊瑚……她更喜欢的是卓玛对大熊猫的热爱，对所有野生动物的热爱。

选自《淘气包马小跳系列·寻找大熊猫》

9. 唐飞把马小跳往温迪那里推。

温迪听不懂马小跳和唐飞在说什么，所以她并不知道他们的勾当。她高兴极了，她的两只蓝眼睛盯着马小跳手中的一叶兰，闪闪发光："太美啦！哦，马小跳，这花是你为我采的吗？哦，马小跳……"

热烈奔放的温迪张开双臂。马小跳知道她要干什么，他把一叶兰塞到温迪的手中，转身就跑。

选自《淘气包马小跳系列·寻找大熊猫》

10. 温迪真的背过身去，拆开包装纸，打开盒子，只听她惊叫一声，就朝马小跳扑过来。

"噢，马小跳！"

这一次，马小跳没有躲开，他接受了温迪的拥抱，这是他第一次心甘情愿地接受一个女孩子的拥抱。他心里想的是，反正她要乘飞机走了，老拒绝人家的拥抱，显得咱中国男孩没风度。

选自《淘气包马小跳系列·寻找大熊猫》

11. 马小跳发现有一棵冷杉树边上，横七竖八地堆着一些树枝和竹枝，似乎在遮掩着什么。再仔细一看，果然有一个树洞。他趴在地上往洞里瞧，里面光线很暗，但仍看到有白影子在晃动。

“会是熊猫吗？”

这棵冷杉树并不是很大，肯定容不下一只大熊猫。

叶朗博士把洞前的树枝和竹枝拨开一点，光线透进去，可以看见里面是一只熊猫宝宝。

选自《淘气包马小跳系列·寻找大熊猫》

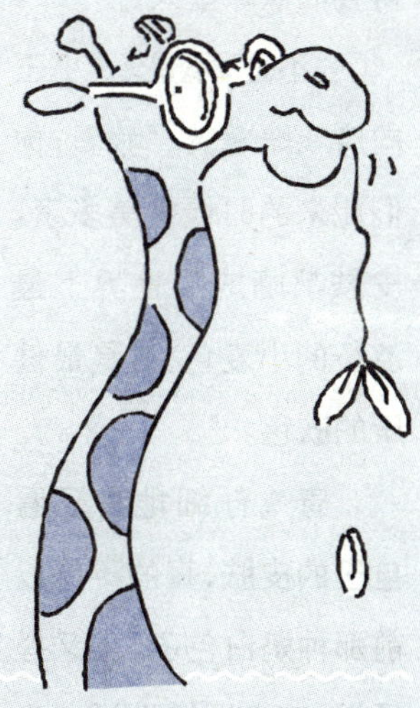

12. 撒完尿，马小跳听到了一些奇怪的声音。这声音由远及近，是愤怒的低吼声，一阵一阵，越来越清晰。

借着星光，马小跳向有声音的地方走去。他有一种预感——有大熊猫掉进陷阱里了！

离一个陷阱越来越近，马小跳的心怦怦地跳得厉害。愤怒的低吼声越来越大，马小跳已经看见了陷阱里一团黑白，这是熊猫才有的颜色。

选自《淘气包马小跳系列·寻找大熊猫》

13. 司机小王一边开车，一边扭头看看这个，看看那个。

“小王？你是不是觉得我们像外星人？”

“不是，不是。”小王向唐飞赔着笑，“我看，你们比来的时候健美多了。皮肤都晒成了世界上最流行的小麦色，这是最健康的肤色。”

唐飞仔细地看了看自己的皮肤，真的不是以前那种奶白色了。他又捏了捏，有点遗憾地说：“肉还是有点多。”

“不多，不多。”小王说，“现在的肉跟以前的肉不是一样的肉。以前是泡泡肉，现在是肌肉。”

选自《笑猫日记·幸福的鸭子》

14. “这是谁家的玉米地？”

“糊涂爷家的。”小非洲指着玉米地边的一座小棚屋，“那躺在地上睡大觉的是糊涂爷，坐在椅子上的是猴王。”

马小跳一看，小棚屋边，真的躺着一个满脸通红的老头儿，睡得正香。一只身材魁梧的公猴，跷脚坐在椅子上，眨巴着眼睛，东张西望。

选自《淘气包马小跳系列·暑假奇遇》

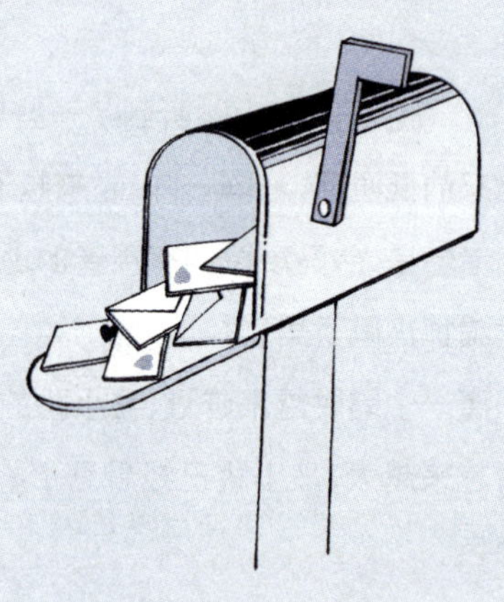

15. 马小跳他们跟阿空告别时最好玩儿。阿空的个子太高太高，马小跳他们都往阿空的身上爬。毛超像猴子爬树一样地爬上去了，骑在阿空的脖子上；张达和唐飞一人吊在阿空的一只胳膊上；马小跳双腿环在阿空的腰间，双手吊在阿空的脖子上。我看见阿空的眼圈儿都红了，他舍不得让这几个孩子走。

远远看去，阿空就像一棵挺拔的大树，那几个孩子就像攀在大树上的几只猴子。

天下没有不散的筵席。我们终于上路了。

车已经开到了半山腰，可是我们依然能透过后车窗，看见阿空还站在红顶房子的晒台上向我们招手，仿佛是一尊巨人的雕塑。

选自《笑猫日记·幸福的鸭子》

16. 不跟马小跳在一起不好玩，唐飞要求跟温迪对换。

“我不换，我要跟马小跳在一起！”

温迪紧紧地拉住马小跳的手。她的劲真大，马小跳怎么挣也挣不脱。

“格格格！”唐飞又在一旁坏笑，他在马小跳的耳边说，“马小跳，温迪真的好喜欢你！”

马小跳像一头愤怒的小狮子，朝唐飞扑过去。

选自《淘气包马小跳系列·寻找大熊猫》

17. 马小跳刚进爷爷奶奶家的院门，就见院子里停着一辆改装得像玩具车一样的越野车，这是他爸爸马天笑先生的车——爸爸来了！

“马小跳，你也该收收心了。”

马小跳问他爸爸：“你来干什么？”

“我来干什么？我来接你回去。你忘了，后天就开学了。我们明天一早就走。”

后天就开学了？一个暑假就这么过完了？

真的过完了。精彩的日子、快乐的日子，总是过得很快，就像坐火车看外面的风景，转眼即逝。

选自《淘气包马小跳系列·暑假奇遇》

18."让你们去张达的外婆家,不是去玩儿的,而是去摘桃子的。"唐飞的爸爸停顿了一下,他发现唐飞的眼睛一直盯着门外,没有听他讲,"唐飞,我刚才讲的话你都听见了?"

"听见了。"唐飞一时回不过神来,"你说摘桃子很好玩儿。"

"刚好说反了。"毛超悄悄对唐飞说,"你爸说摘桃子不好玩儿。"

唐飞的爸爸皱皱眉头:"我没说摘桃子很好玩儿,也没说摘桃子不好玩儿。我是说,农村是个广阔的天地,是真正的大自然,对你们这些城市孩子来说,是最好的大课堂,所以你们要好好地珍惜这个机会,在劳动中好好锻炼,特别是唐飞。"

唐飞用力地点头,马小跳、张达和毛超也学着唐飞的样子,用力地点头。于是,唐飞的爸爸也满意地点点头。他让司机小王开悍马越野车送几个孩子到张达的外婆家去。

选自《笑猫日记·幸福的鸭子》

19. 马小跳、唐飞和毛超都只穿着裤衩，横七竖八地躺在巨人的床上。马小跳的一条腿压在唐飞的胸口上，毛超的脸紧紧地贴着马小跳的屁股。

张达又叫又推，可他们都没醒。张达跳上床，把他们一个个拎起来坐着，可他们闭着眼睛，坐着也能睡。

我有办法把他们弄醒。我跳到床上去，用我的尾巴去扫他们的鼻孔。

“阿——嚏！”

“阿——嚏！”

“阿——嚏！”

打了喷嚏，马小跳、唐飞和毛超终于醒来了。他们以为是张达把他们弄醒的，都要和张达拼命。

选自《笑猫日记·幸福的鸭子》

20. 四个男孩子已经脱得身上只剩一条短裤了，他们在井边站成一溜儿。在做“冰镇人”之前，他们还要接受阿空给他们的一次“洗礼”。

阿空从井里打上来一桶井水，向四个男孩子走去。马小跳咬紧了牙关；唐飞紧闭双眼；张达握紧拳头，鼓起手臂上的肌肉；毛超双手抱肩，浑身哆嗦。他们都知道刚从井里打上来的水凉得刺骨，但都不知道阿空会把这第一桶井水朝谁的头上淋下去。

哗——

阿空把一桶井水淋下去了。

“啊！啊——”

毛超又是号叫，又是乱跳。其实，那桶井水根本没淋到他的身上，而是淋到了张达的身上。人家张达只是浑身一激灵，却一声没吭。

选自《笑猫日记·幸福的鸭子》

21. 早晨醒来的时候，只有微弱的天光从房车的天窗外透进来。我以为时间还早，正想睡个回笼觉，这时巨人阿空来了。他是来叫马小跳他们起床的。

每天早晨，除了马小跳他们被自己的大便、小便憋醒之外，要叫醒他们，休想！昨天早晨，还是我用尾巴扫他们的鼻孔，才让他们打喷嚏把自己惊醒的。现在，我要看阿空怎么把他们弄醒。不行的话，我就上，再用尾巴扫他们的鼻孔。

我又没用尾巴去扫阿空的鼻孔，阿空却打了一个罕见的喷嚏。这个喷嚏简直是惊天动地！从他嘴里喷出的强大气流，震得房车都摇晃起来，我的头也被震晕了。

“地震啦？”

四个睡得如小猪一般的男孩子都被震醒了，他们齐刷刷地翻身坐在床上。

当他们知道不是地震，只是阿空打了一个喷嚏之后，又齐刷刷地倒在床上。

选自《笑猫日记·幸福的鸭子》

22. 马小跳和毛超不露声色。现在，他们只需把箩筐抬到乌龟的背上，用手扶着箩筐，跟着乌龟跑就可以了。不一会儿，他们便把那一长溜装着桃子的箩筐搬运完了。

现在，马小跳和毛超又去催唐飞和张达。

“你们能不能装快点儿啊？”

“多装点儿！”马小跳的口气大得吓人，“把筐装满！”

满满一筐水蜜桃，马小跳和毛超抬起来就跑。

唐飞和张达看得直发蒙。他们不明白，马小跳和毛超顷刻之间怎么就成了大力士？

“他们是不是吃了大力士菠菜？”

唐飞记得他看过一部动画片，片子里讲吃了一种大力士菠菜，就可以变成大力士。

“我们……也吃……”

唐飞对张达说：“可是，那是动画片。”

选自《笑猫日记·幸福的鸭子》

23. 毛超还是坚持说他看见了鬼。

“虽然我只看了一眼就不敢再看,但是我肯定没有看花眼。”

唐飞和张达对毛超说的那个鬼都不感兴趣，只有杜真子感兴趣。她问毛超看见的那个鬼是什么样子的?

“黑乎乎的,看得不是很清楚。”毛超一边说,一边看着杜真子,他的眼珠子突然不转了,“个子跟你的一样高，头发也跟你的一样长,穿的那件白衣服……哎呀,跟你的那条白裙子很像!”

“毛超!”

马小跳和唐飞异口同声地大叫起来,他们都要毛超闭嘴。

“你什么意思?”唐飞逼问毛超,“你是不是要说那个鬼就是杜真子?”

“毛超,你说谁是鬼我都无所谓,但就是不能说杜真子。”

唐飞帮杜真子说话,大家觉得很正常,但是马小跳帮杜真子说话,就让所有的人都觉得他很反常。因为他从来都是跟杜真子对着干的,像现在这么护着杜真子,还是第一次。

选自《笑猫日记·幸福的鸭子》

军训的日子

1. 肥猫带手机到营地里来，已成为全班公开的秘密。到了军训快结束的最后几天,同学们都想家想得厉害。于是,肥猫身价倍增,成为班上众星捧月似的人物。

选自《五·三班的坏小子》

2. 肥猫就坐在我旁边。他声音虽小，但气势汹汹：“怎么不选我？”

我笑起来：“你有什么资格当优秀营员？教官批评最多的人就是你。”

肥猫见米老鼠都被选上了，就挤眉弄眼地给米老鼠使眼色，让米老鼠选他。可米老鼠装作没看见，把头扭向一边。

“哼，”肥猫恨恨道，“我让你们一个也当不成！”

选自《五·三班的坏小子》

3. 兔巴哥向松树林跑去。肥猫跟在他后面，我们跟在肥猫的后面。

兔巴哥的脚步慢了下来，他在寻找公路的方向。肥猫的脚步也慢了下来，他低声地命令我们：“注意隐蔽！”我们像一群惊散的兔子，每人找一棵大树，把自己隐蔽起来。

兔巴哥一边四处张望，一边朝前走。

肥猫回头低声命令道：“匍匐前进！”

我们立即卧倒在地，匍匐前进。

兔巴哥不再往前走了，停下来四处张望。肥猫立即命令道：“停止前进！”

我们就这样一动不动地趴在地上。

选自《五·三班的坏小子》

4. 下雨天还是要出操。

集合的地方尽是水坑。为避开水坑，队伍排得弯弯曲曲。

“魔王”教官开始整队。

“立正——向右看齐！”

队伍还是弯的。

小队长报告：地上有水坑。

“魔王”教官一脚踏进一个大水坑里，高声说道：“服从命令是一个军人的天职。现在我命令你们——向右看齐！”

在“魔王”教官威严的目光下，别说是水坑，就是刀山火海，我们也要站进去的。队伍很快整好了。

选自《五·三班的坏小子》

课外娱乐活动

1. 学校组织到森林公园去春游，迷糊豆不肯规规矩矩地走在队伍里，而是跑到队伍外面，倒着走。老师批评他不遵守纪律，他说，他只是不想让自己的影子留在身后面。

选自《杨红樱童话.2》

2. 在猴山，杜歌飞扔了一根香蕉给一只小猴子，马上就被一只大猴子抢去了。它灵活地剥去皮，咬了一口，然后爬到猴山顶上，还向杜歌飞做了个飞吻的动作。杜歌飞为那只小猴抱不平，又扔给小猴一根香蕉，可是又被一只老猴子抢走了。只剩下最后一根香蕉了，杜歌飞还是把它扔给了那只可怜巴巴的小猴子。

选自《小男生杜歌飞》

3. 丁文涛一个人在那里仰天大笑，笑声十分地单调，那群围观的女生们都觉得没什么好笑的，但是她们还是对那两捆钢铁感兴趣，不明白他们为什么要带两捆钢铁去。问了半天，马小跳那个野炊小组的人都闪烁其词，不予回答。因为他们一回答，便会泄密。而他们的马组长给他们下过死命令：在野炊之前，他们的“麻辣烘烤串串香”的计划要绝对保密！

选自《淘气包马小跳系列·同桌冤家》

4. 到了熊山，杜歌飞的包里只剩下一罐可口可乐了。一头黑熊站立着，向他走来，杜歌飞赶紧把这罐可口可乐扔给它，它用一只熊掌就接住了，然后用另一只熊掌把盖儿拉开，朝嘴里倒可乐。只一口，黑熊就把一罐可乐喝光了。黑熊看看杜歌飞，它还要。杜歌飞十分抱歉地向黑熊摊开两手——没有了，什么都没有了。

选自《小男生杜歌飞》

5. 马小跳进了游乐园便如鱼得水。他最喜欢坐翻滚列车，又惊险又刺激。

“宝贝儿妈妈，我陪你去坐翻滚列车。”

马小跳硬拉着宝贝儿妈妈去坐了翻滚列车，把宝贝儿妈妈弄得晕头转向，整个下午，她都坐在游乐场的长椅上发晕。

天色暗下来，宝贝儿妈妈的头不那么晕了，马小跳把该玩的都玩了个够，这才回到宝贝儿妈妈的身边。

选自《淘气包马小跳系列·天真妈妈》

6. 舒老师的一番话，说得男生们羞愧难当，无地自容，坐在舒适的座位上，我能想象得到他们如坐针毡，也许都很想站起来给女生们让座，但是谁都没有勇气第一个站起来。

沉默了好久，眼看着已快到植物园了，吴缅“呼”地站起来，他的目光和我相遇了，我以为他要给我让座，可他叫的却是南柯梦的名字。紧接着，马加、古龙飞、精豆豆，就连一向很自私的乔丹也都站起来给女生让座。

选自《女生日记》

场面描写

1. 在兵站吃过早饭，我们就和帅哥告别了，虽然只和帅哥相处了两天，可我俩已经成了最铁最铁的哥们儿。男儿有泪不轻弹，在我和帅哥紧紧拥抱的那一时刻，我的眼泪还是止不住地流了下来。

选自《男生日记》

2. 生日蜡烛点起来，还唱了生日歌。生日歌唱得一点都不整齐，马小跳的声音特别刺耳，脖子上的青筋鼓成一条一条的。他太卖力了，他知道唱完生日歌，就有蛋糕吃了。

选自《淘气包马小跳系列·漂亮女孩夏林果》

3. 轮到马小跳上台，唐飞他们几个都把"秘密武器"拿出来了。唐飞吹哨子，毛超吹喇叭，张达吹唢呐，就三个人，却把声势弄得像千军万马。女"跳跳糖"们也站起来，跳了一段"跳跳舞"。美丽的女孩，美丽的色彩，又抢去了好多镜头。

选自《淘气包马小跳系列·超级市长》

4. 当当！当！当当！是马小跳自己在给自己奏乐。

房门一开，马小跳从房间里跳出来，来了个闪亮登场，把路曼曼和夏林果都吓了一跳——他的样子好怪：戴一顶黑色的高筒帽，披一件黑色的斗篷，嘴唇上粘一小撮黑胡子。

马小跳展开黑斗篷，做了一个亮相动作："大魔术师马小跳闪亮登场！"

选自《淘气包马小跳系列·同桌冤家》

5. 当她出现在舞会上时，热闹的舞场顿时鸦雀无声，人们屏住了呼吸——她太美了！

"奏乐！"嘻嘻国王向树上的鸟儿们挥了挥手。

鸟儿展开了宛转的歌喉，妹妹翩翩起舞。她轻快地旋转着，地上好像开满了鲜花。头上的彩蝶随着音乐有节奏地抖动着翅膀，她舞到哪里，哪里就有一股沁人的芬芳。

人们沉浸在美的享受中。

天上的星星不再眨眼睛，他们也陶醉了。

选自《鼹鼠妈妈讲故事》

6. 九点钟吹熄灯号。我们把灯熄了，但并没有睡。大约在晚上九点二十三分，走廊上响起了嘈杂的脚步声。罗莉娜首先冲出寝室。

“紧急集合，快跑！”

我们争先恐后地跑出寝室。还看见各个寝室的人都跑了出来，整个楼道挤满了穿迷彩服的人，就像无数个花皮球滚下楼梯。

跑到操场上，操场上空空的，一个教官都没有，只有一个又大又圆的月亮在天上。

选自《五·三班的坏小子》

7. 有夏林果在，马小跳他们干得特别欢。夏林果还让他们比赛，四个人一字排开，每人挖一路，看谁挖得快。

他们都想在夏林果面前表现自己，豁出去了，一个个汗流浃背，脑袋上热气腾腾。一路挖下来，张达挖得最快，唐飞挖得最慢，马小跳和毛超不分上下。

“我都快累死了！”

唐飞喘气像拉风箱，瘫倒在地上。

选自《淘气包马小跳系列·巨人的城堡》

8. 唐飞满头大汗，用报纸不停地扇着烤炉。火没有扇起来，倒扇出浓烟滚滚。

马小跳大叫：“使劲扇！使劲！”

“不能使劲扇！马小跳，你别乱发号施令。”

黄菊走过去，拿一根铁扦把烤炉里的木炭捅了捅，然后用报纸轻轻地扇了几下，蓝色的火苗就蹿上来了。

“不得了！不得了！”唐飞单腿脆地，双手抱拳，“黄菊，小弟拜你为师！”

选自《淘气包马小跳系列·同桌冤家》

9. 使今晚的演出达到高潮的是鲁肥肥和沙丽合作的《西班牙斗牛舞》。沙丽今晚真是美丽绝伦，光彩照人。她穿一身大红的百褶裙，耳边斜插一朵鲜艳欲滴的红玫瑰，活脱一个具有野性美的西班牙女郎，跟她平时那种典雅、娴静的形象判若两人。

在欢快激越的《西班牙斗牛舞》中，沙丽像一团燃烧的火，以热烈奔放的舞蹈动作，征服了所有的观众。人们长时间地鼓掌，站起身来鼓掌，沙丽出来谢了三次幕，掌声还经久不息。

选自《男生日记》

10. 对对眼拿了一个麦克风给猴子，猴子把麦克风举在嘴边，嘴巴开始一张一合。他唱的是大家听得烂熟的《老鼠爱大米》。

我注意到，对对眼的一只手一直放在他的一只衣袋里。马小跳也注意到了。马小跳根本没有听猴子唱歌，他的两只眼睛死死地盯着那只衣袋。

对对眼摇头晃脑，沉醉在猴子的歌声里，完全没有察觉到马小跳的手正伸向他的衣袋。马小跳飞快地从对对眼的衣袋里掏出一个巴掌大的录音机来。

“他骗人！”马小跳大声嚷嚷，“这歌不是猴子唱的，是录音机放的。”

选自《笑猫日记·想变成人的猴子》

11. 一阵悦耳的钢琴声把他们引到一间小小的琴房，正在弹琴的是一位长头发的作曲家，他正在作一首《大自然交响曲》。

“知道这是什么声音吗？”作曲家灵巧的指头在琴键上轻轻地滑过，“这是花开的声音。”

“花开怎么会有声音？”孔一夫和孟小乔面面相觑。

也许作曲家没有听见他们的话，又刚劲有力地弹了几个和弦，说：“这是一轮红日喷薄而出的声音。”

作曲家又弹了一串音符：“这是月光流泻的声音。”

作曲家如痴如醉，长长的手指在琴键上尽情地弹奏。

选自《那个骑轮箱来的蜜儿》

12. 石磊仍然是一副吊儿郎当、满不在乎的样子，跟精豆豆、古龙飞打打闹闹，拿鲁肥肥开涮，和小魔女耍嘴皮子。临到要安检了，石磊才真的意识到要和我们分别了。他用十分夸张的动作，和我们几个男生紧紧拥抱，当然，他没有和来送他的女生们拥抱，也许他下次从加拿大回来，按国际惯例，是可以和女生们拥抱的。不过，当他和罗老师告别时，他还是张开手臂，故作潇洒地问：“可以吗？”

没想到罗老师真的抱住了石磊。石磊一下子动了真情，他紧紧地拥抱着罗老师，嘻皮笑脸的表情荡然无存。他闭上双眼，用力地咬着嘴唇，看得出来，他在竭力地忍住快要流出来的眼泪。我从来没见过这小子这副模样，想笑又笑不出来。

过了安检，石磊再一次和我们挥手告别。这一次，他小子再也稳不起了，泪水断了线似的往下落。

选自《男生日记》

13. 我们表演格斗、擒拿、匕首操……看得全场的人眼花缭乱，操场上响起了一阵又一阵的喝彩声。特别是那些一、二、三、四年级的弟弟妹妹，在他们眼里，我们个个都成了英雄。只是六年级的那些人，斜着眼睛，做出很酷的样子，冷冷地看着我们出风头。他们心里不服气。因为他们是毕业班、功课紧，所以学校不让他们去军训。

最精彩的表演是倒功。

如果天不下雨，如果地上不是那么泥泞，倒功也就没有那么精彩了。

"魔王"教官站在台上喊口令。他并没有用话筒，可他那山东味儿的口令却响彻云霄。

"鸭——"

只听得"啪"的一声响，全班五十几个同学齐刷刷地倒在泥泞的地上。我正倒在一个水坑里，我感觉到肚皮上一片冰凉，泥水已经把衣服湿透了。

我一动不动，脑子里想的是邱少云。

"儿——"

眨眼工夫，趴在地上的五十几个同学已"拔地而起"，像泥人儿似的笔直地站着。

选自《五·三班的坏小子》

意外事件

都市

1. 突然，三个黑影子从天而降，没有一点儿声音，他们身穿黑衣黑裤，头上套着黑面罩，只露两只眼睛。

“头儿！”一个大盗的声音压得很低，“门上装有报警器。”

头儿的声音很低，但非常果断：“关掉电闸。”

顿时，门廊的灯熄灭了，市长的别墅笼罩在浓浓的黑暗里。

紧接着，从门卫房里传出两声闷响，是蒙面大盗用电棒击昏了那两个正喝酒的彪形大汉。

选自《流浪狗和流浪猫》

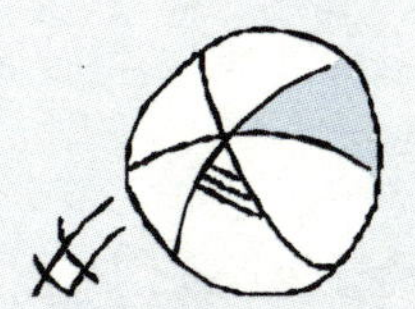

2. 几乎在每家每户的早餐桌上，都在议论昨晚的鸡尾酒会。大家简直像做了一场噩梦，到现在身上还打战呢！

选自《流浪狗和流浪猫》

3. 离巨人的房子越近，那种奇怪的声音越大。马小跳的心里也在打鼓：这声音太像野兽的嚎叫了，会不会真的是野兽？

已经到了门前，马小跳停下脚步："我数一二三，我们一起冲进去！"

"一！二！三——冲！"

马小跳把门撞开，几个人冲了进去——哪里有什么野兽，是巨人阿空趴在桌上号啕大哭。

选自《淘气包马小跳系列·巨人的城堡》

4. 一只小鸟不知从哪里飞来，飞到桌子上，跳来跳去地啄食着桌子上的蛋糕渣。

这是一只多么美丽的小鸟啊！红蓝相间的羽毛，长长的翘尾巴，头上还有三根颤巍巍的头翎。最好看的是它的眼睛，像两颗小小的黑豆子。

金贝贝一动不动，猫咪也一动不动，他们都怕惊飞这只美丽的小鸟。

小鸟吃饱了，扑扇一下翅膀，就朝金贝贝的身后飞去，飞进金贝贝拖在背后的衣帽里。

原来，小鸟把金贝贝的衣帽当成了它温暖的小窝。

选自《小女生金贝贝》

5.“我发现有人在跟踪我们！”

“谁呀！谁会跟踪我们？”

马小跳觉得特别好玩，伸长了脖子，很夸张地做了几个翘首瞭望的动作，好像故意把目标暴露给追踪的人。

“哪里有跟踪的人！”马小跳怪毛超疑神疑鬼，“你在自己吓自己吧？”

选自《淘气包马小跳系列·四个调皮蛋》

6.突然，坐在右车窗边的几个女生尖叫起来：“啊——”

只见一只金钱豹从山上猛冲下来，直扑到车窗，它的爪子在玻璃窗上发出啪啪的敲击声。

车从它身边开过去，金钱豹无奈地叫了一声，马小跳他们几个隔着后车窗，也张开嘴巴，对着金钱豹狂叫。

被激怒的金钱豹纵身一跃，两只前爪扑在后车窗上，它那张有着尖利牙齿的血盆大口，正对着马小跳的脸。特别是金钱豹那铜铃般大的眼睛，凶光毕露，吓得夏林果脸上的五官走了样，吓得安琪儿再也不敢睁眼睛。

选自《淘气包马小跳系列·跳跳电视台》

7. 毛超说:"我们今天当小英雄的故事,暂时要保密,不能跟任何人说。"

"为什么?"

"现在说了,等于定时炸弹提前爆炸。"

毛超的思维简直是乱七八糟的,表扬信就是表扬信,怎么又扯上了定时炸弹?

"现在不说,等植物园的表扬信到了学校,'轰'的一声,像定时炸弹爆炸一样,不把全校的人震晕才怪。"

哦,原来是这样!他们觉得像猴子一样机灵的毛超,说的很有道理。在学校他们已经小有名气,但都是坏得有名气。现在,他们盼望着表扬信这个"定时炸弹"来学校炸一下,把他们的坏名气炸成好名气。

选自《淘气包马小跳系列·四个调皮蛋》

郊区、野外

1. "天黑之前,我们必须赶到长江边。像你这么走,非走夜路不可!"

正说着,只听马小跳叫了一声"妈呀",他又摔了一跤。原来地上还有零零星星的积雪,白花花的东一块西一块。马小跳踩在一片积雪上,结果下面是一个大坑,一脚踩空,马小跳掉进坑里了。

选自《淘气包马小跳系列·丁克舅舅》

2. 金丝猴的两条后腿的脚踝上锁着铁链。肩上的毛足有一尺长，在阳光下闪闪发光。它那双又大又圆的眼睛里充满了悲伤，孤独绝望地望着大家。

金丝猴呼吸急促，左丸尾说这里的温度对金丝猴来说，等于就是酷暑，得赶紧把它送到寒冷的地方去，否则，会有生命危险。

选自《漂亮老师和坏小子》

3. Miss 张看到就在她身旁的树上，挂着一根杯口粗的光溜溜的“棍子”，她伸手握住那根“棍子”一拉，尖叫一声：“Oh, My God!”

Miss 张叫的是“我的天”，她握住的那根“棍子”冰凉冰凉的，滑腻腻的，原来是一条冻僵的蛇。

Miss 张吓得双脚发软，坐在地上起不来。马小跳和丁克舅舅，一个人架着她的一只胳膊向前走。

选自《淘气包马小跳系列·丁克舅舅》

4. 黄老鸟真的没有再转过头来跟林老师讲话。可是马小跳发现，他一直在镜子里看林老师。

“看车！”

丁克舅舅惊呼一声。

从一条岔道上蹿出一辆疯狂的摩托车，黄老鸟一点也没有察觉到，眼睛仍盯着镜子，看镜子里的林老师。听丁克舅舅叫了一声，这才来个急刹车，险些跟那辆疯狂的摩托车来个亲密接触。

选自《淘气包马小跳系列·丁克舅舅》

5. 山路崎岖,几人排成一队,埋头赶路。时不时有晶亮的露珠从树叶上滑落下来,滴在他们的脖子上,冰凉冰凉的。

突然,一道绿影在唐飞的眼前一晃,他定睛一看,一条绿色的蛇正倒挂在斜伸过来的树枝上,蛇头正对着唐飞的脸。

"哎呀,蛇——"

唐飞立刻成了木头人,一动不动。

走在前面的卓玛回过头来,她也看见了那条挂在树枝上的蛇。

"唐飞,别怕!这是菜花蛇,不是毒蛇。"

蛇还在唐飞眼前晃悠着,唐飞的牙齿格格地打架,他的脸色变得惨白。

选自《淘气包马小跳系列·寻找大熊猫》

6. 英花轮把这个重大发现告诉了左丸尾。

"不是猴子,那是什么?"

"我也不知道是什么,反正不是猴子。"

"那你能把那个动物的样子描述出来吗?"

英花轮一边回忆着,一边描述着麻袋里那个动物的样子:"身上的毛很长,是金色的;脸色发青,比猴子的脸胖,鼻子跟猴子的鼻子倒有些相像,都是鼻孔朝天,只是这个动物的鼻子是蓝色的……"

听着听着,左丸尾在眼镜后面的眼珠子快要蹦到眼镜框外面来了:"它有没有尾巴?"

"有!"英花轮十分肯定地,"有一条很长的尾巴。"

"这是金丝猴!"

选自《漂亮老师和坏小子》

探险奇遇

沙漠

1. 刚进沙漠，就起风了。满天的沙子直往米奇的脸上打，往脖子里钻。幸好米奇戴着大风镜，沙子没有扎进他的眼睛里。

选自《杨红樱科学童话系列·猫头鹰开宴会》

2. 已经跑了很远的路程，那个美丽的地方还在天边。米奇的嗓子干得快冒烟了，即使那碧绿的湖水就在眼前荡漾，也是远水解不了近渴啊！

选自《杨红樱科学童话系列·猫头鹰开宴会》

3. 米奇叹服这座风城的神奇，叹服风的巨大力量。拍了许多风城的照片后，米奇依依不舍地和鸵鸟巴巴离开这座仪态万方的空城。

选自《杨红樱科学童话系列·猫头鹰开宴会》

4. 鸣沙山沙峰起伏，沙脊如刃。米奇看见有许多人在那里滑沙，还有咚咚的锣鼓声，轰隆隆的飞机轰鸣声和哗哗哗的鼓掌声。

米奇四处张望，没有锣鼓，没有飞机，也没有人鼓掌，那么，这些声音是从哪儿来的呢？

选自《杨红樱科学童话系列·猫头鹰开宴会》

5. 满天的彩霞已消失得只剩天边最后一抹红光了，天马上就要黑了。米奇心中有点害怕，大声地呼喊道："鸵鸟巴巴，你在哪里？"

在空旷的荒漠中，米奇的声音显得实在是太小，但还是惊动了一只刚睡醒的沙狐。

选自《杨红樱科学童话系列·猫头鹰开宴会》

6. 米奇猛地一睁眼，他真的已在一座城中了。只是这座城黑黢黢的，一点灯光都没有，而且出奇地静，像死一样寂静。

"这座城没有人吗？"

"对，没有人，只有鬼。"沙狐说，"这是一座鬼城。"

选自《杨红樱科学童话系列·猫头鹰开宴会》

7. 经过几个防沙林带，遮天蔽日、飞沙走石的黑风暴减弱了许多。

鸵鸟巴巴奔跑的速度也慢了下来。

“这些树林会减低风速，估计那个孩子会在这一带。”

他们找遍了沙拐枣林，沙冬青林，最后在沙棘丛中找到了一个小男孩。他满身都是沙土，连嘴巴里、鼻孔里都塞满了沙土，只有那双大眼睛还是明亮的，惊恐地看着米奇和鸵鸟巴巴。

选自《杨红樱科学童话系列·猫头鹰开宴会》

8. 米奇来到鸣沙山的山脚下，找了一条平缓的坡向上爬，当他把脚踏进绵软的沙子里时，脚下发出叽叽的虫鸣声。再把脚从沙里抽出来，又有长长的箫声响起。

米奇在一片虫鸣声与箫声中爬上了鸣沙山的山脊。鸣沙山的山脊是风把沙子卷上去形成的，薄如刀刃。米奇一上去，就滑了下去。他将身体平躺在沙上，像滑滑梯一样，从山脊一直滑到山脚下。一路上，只听见耳边万马奔腾，一片厮杀声，还有热闹的鼓乐声。

滑到山脚，这些声音才渐渐消失。米奇睁开眼睛，如从梦中醒来，只见一只沙鼠和一只野兔，蹲在那里，远远地看着他。

选自《杨红樱科学童话系列·猫头鹰开宴会》

9. 鬼城里街巷纵横，到处都是楼阁房屋。沙狐把米奇带进一间殿宇，里面黑得伸手不见五指，米奇好像掉进了一口黑色的大染缸里。

"你就在这里睡吧，我走了。"

只一闪，沙狐就不见了。

米奇蜷缩在墙角边，睡意全无，耳边似乎有哀哀怨怨的哭声。

"难道有鬼在哭？"

听着听着，又有鬼的狂笑声，令人毛骨悚然。

米奇就在这鬼哭鬼笑中，好容易等来了荒漠中的黎明。

阳光照进鬼城里来，鬼城里一片金黄。米奇发现，昨晚看见的楼阁殿宇，现在看起来不过是一些高高矮矮、形态各异、做工粗糙的石屋而已。米奇想，鬼建的城真是不能和人建的城相比啊！

选自《杨红樱科学童话系列·猫头鹰开宴会》

海洋、江河

1. “小蛙人，快趴下！”海尔博士在桌下拉小蛙人的脚。

小蛙人不想趴下。他做梦也没有想到他离北极熊会这么近，刚才的恐惧感现在已荡然无存，他相信北极熊不会伤害他。

选自《杨红樱科学童话系列·寻找美人鱼》

2. 这条大江的上游流经山区，地势落差大，所以水流湍急，要经过许多急流险滩和飞流直泻的瀑布。在这磅礴的水势下，小蛙人的红色气垫船渺小得像红色的纸片儿，一会儿被自高而下的水流冲入谷底，淹没在水声轰响的浪花里；一会儿在漩涡里打转；一会儿又被掀上高高的浪尖。

这一切，勇敢机智的小蛙人都闯过来了，红色的气垫船终于漂浮在缓缓唱着歌儿的碧澄的江面上了。

选自《杨红樱科学童话系列·寻找美人鱼》

3. 海面上阳光灿烂。

小蛙人坐在鲸鲨的背上，取下头上的氧气罩，温暖的阳光沐浴在他的身上，他感到舒服极了。放眼望去，蓝缎子般的海面上漂浮着几个小红点，小蛙人想起来了，那是沉船上的几个渔民穿着的红色救生衣。

选自《杨红樱科学童话系列·寻找美人鱼》

4. 小蛙人正要离开，忽然感到他的脚被什么东西缠住了。

小蛙人蹬了几下腿，他想挣脱这缠住他的东西，但是没用，他确实被牢牢地缠住了，而且正被向洞里拖去。

“糟糕，你被章鱼抓住了！”波卡叫道。

小蛙人赶紧攀住洞壁，不让自己被章鱼拖入洞中。他用手去掰脚上的触腕，可是触腕上有许多吸盘，刚掰开一点点，马上又吸了上来，而且，又有一只触腕缠在他的腰上。

选自《杨红樱科学童话系列·寻找美人鱼》

5. 袋狼跳起来，这下我们看见了很远的地方，有一艘船正向我们驶来。

这艘“帆船”身上也闪着光，一会儿闪着淡紫色的光，一会儿闪着金黄的光。等它驶近的时候，我们才看清楚这不是一艘帆船，而是一条背部长着一张巨大的圆帆的鱼。

圆帆鱼乘风破浪，离我们越来越近。它的眼睛很小很小，嘴巴很大很大，像一个巨大的黑洞，直朝我们逼来。

“袋狼，快走啊！”

圆帆鱼开始吸气。一股强大吸力把袋狼和我们全部吸进了它的大嘴里。

选自《杨红樱童话.1》

6. 有一只花皮老虎，脸上长着四只眼睛，它吼得最厉害。它长叫一声，把人的头都要震昏。

我问山娃：“你敢不敢去摸它的屁股?”“不敢。”山娃说，“谁都知道老虎的屁股摸不得。”反正我们都在鱼肚子里了，去摸一摸老虎的屁股，看看会发生什么样的事情。

我伸手去摸了四眼虎的屁股。

四眼虎以为是袋狼在进攻它。它鼓起四个铜钱大的眼睛，张开血盆大口，朝袋狼扑来。

袋狼转身就逃，拼命地逃。四眼虎在后面拼命地追。

其他的动物们也在鱼肚子里乱跑乱窜。鱼肚子里一片混乱。

选自《杨红樱童话.1》

山林

1. 马小跳看看他身旁的丁克舅舅，他正狼吞虎咽，满头大汗。很难想象，这就是那个把手提电脑带到咖啡馆里办公、午餐就吃一块三明治的丁克舅舅。

选自《淘气包马小跳系列·丁克舅舅》

2. 这几辆车也是到康定的。这时，暴风雨更猛烈了，汽车在泥泞的公路艰难地跋涉。我把藏族老妈妈送我的铜镜悄悄拿出来，希望它能保佑我们今夜平安地到达康定。可我马上又把它放回包里。旦夕祸福，谁也躲不过。人在困境中，强巴和老爸已为我做出了最好的榜样：只要精神不倒，一切都会OK。

选自《男生日记》

3. 有路的地方不走，偏偏去走没路的地方。暴走族的口号是："走自己的路，决不走别人走过的路。"

没有路的地方非常难走，地上铺着厚厚一层已经腐烂的树叶，杂草和藤蔓纠缠不清，马小跳深一脚浅一脚，就像有谁在脚下使绊子，马小跳已经摔了好几跤了。

选自《淘气包马小跳系列·丁克舅舅》

4. 再一看周围，好吓人哦！杂草丛生，到处是树，到处是藤，枝枝蔓蔓，分不清是树缠藤，还是藤缠树。

“这是什么地方？”

“嘘——”山娃把一个指头放在嘴边，叫我不要说话。

山娃拨开那些垂落下来的藤蔓，原来是一个隐蔽的山洞，有绿莹莹的光从里面透出来。

选自《杨红樱童话.1》

5. 穿过一片蓝色的树林，我们听见一片“哗啦哗啦”的声音。从密密的树叶中，有一根又长又尖的标枪伸过来。标枪下面，是一条巨龙。

“标枪龙！”我和山娃没命地奔跑，标枪龙头上顶着长长的标枪，在后面紧追不舍。

就在我们快被标枪龙追上的时候，绿色的天空中，降落下一排排伞鼠。这些伞鼠的尾巴上，都撑着一把伞。

我纵身一跳，一手拉住了一只伞鼠，我的双脚离地了，伞鼠把我带上了天。

山娃也学我的样子，也一手拉住一只伞鼠，双脚离地上了天。

标枪龙无可奈何，眼睁睁地看着我和山娃从天上飞走了。

选自《杨红樱童话.1》

家庭生活

家庭生活部分选编了杨红樱作品中描写小主人公家庭生活的好词好句好段。

家庭生活部分包括男孩女孩、爸爸妈妈和亲子之间三辑。**男孩女孩**一辑，记录的是男生女生在自己家里的生活事件。**爸爸妈妈**一辑，描写家庭生活中爸爸妈妈的形象。**亲子之间**一辑，分男孩和女孩两部分来分别展现男生和爸爸妈妈、女生和爸爸妈妈之间的关系。

杨红樱作品描写了来自不同家庭的男生女生们不同的家庭生活，比如，离异家庭、贫困家庭、一般家庭、富裕家庭甚至超富裕家庭；比如，父母争吵不休的家庭、父母关系和谐的幸福家庭，等等。杨红樱作品也刻画了性格各异、为人处世方式各异的爸爸妈妈的形象。杨红樱非常擅长透过孩子的目光来刻画家长，即便只是寥寥几笔，也能勾勒出一个又一个家长鲜明的性格。

每一个父母都是深爱自己的孩子的，但他们对自己孩子的期求不同、认识不同、教育孩子的方式方法不同，杨红樱叙述发生在亲子之间的种种事件和场景，曲折生动，充满生活情趣，也时时发人深思。

男孩女孩

1. 起床后的杜真子，手忙脚乱，刷牙、洗脸、梳头、吃早餐，她会在二十分钟以内通通搞定。临出门的时候，她会把她房间里的那盆土豆苗抱到阳台上，放在有阳光照耀的地方，她还会把一片偷偷留下的面包撕成碎屑，撒在阳台上，给那些小鸟吃。这时候的杜真子，是天底下最温柔、最可爱的女孩。

选自《笑猫日记·塔顶上的猫》

2. 马小跳睡得太死，杜真子揪他的耳朵，他都不觉得痛。可是，尽管他是闭着眼睛的，他也能感到有一双眼睛正瞪着他。

马小跳睁开眼睛，那只会笑的猫就蹲在他的枕边，两只绿光闪闪的眼睛正瞪着他。

选自《淘气包马小跳系列·疯丫头杜真子》

3. 肥猫见他爸他妈惊慌失措的样子，便镇定自若地去开门。

是米兰来了。她的肩上挎着一个黑白相间的呼啦圈。一进门，米兰便把呼啦圈套在肥猫的身上："送你的。"

肥猫有点受宠若惊，笑得也有点不自然了："你还送我东西啊？"

选自《漂亮老师和坏小子》

4. 马小跳开始打电话。他给唐飞、毛超、张达和杜真子都打了，说的话几乎都是一模一样的。他先说昨天夜里，猴子在冰箱里被冻僵，却故意不说结果，吊着人家的胃口。等人家着急地问猴子被冻死没有，他才慢悠悠地说猴子被他救活了。于是，他怎么给猴子做全身按摩，怎么给猴子喝用可口可乐熬的姜汤……讲得眉飞色舞，讲得声情并茂。

选自《笑猫日记·想变成人的猴子》

5. 马小跳胡乱地穿上毛衣，套上裤子，光着脚丫就跑去开门。

开门一看，果然是林老师。

"几点了，你才刚起床？"林老师把手腕的表伸给马小跳看，"你不是约我十点钟到吗？"

马小跳狼狈不堪。让他最喜欢的女老师看见他这副衣冠不整的模样，他感到很不好意思。

选自《淘气包马小跳系列·丁克舅舅》

6. 马天笑先生发现，下午放学，马小跳回到家里的时间越来越晚，而且回到家就把自己关在卫生间里。有一次，马天笑先生轻轻地打开卫生间的门，从门缝里看见儿子马小跳正对着墙上的大镜子比画动作。一招一式，有板有眼。但马天笑先生还是没看明白，马小跳到底比画的是什么动作，不像舞蹈，也不像武术。

选自《淘气包马小跳系列·贪玩老爸》

7. “马小跳，我很同情你啊！”毛超假惺惺的，“你在学校，被路曼曼欺负；在家里，被你表妹欺负。”

毛超又说到了马小跳的痛处。他咬牙切齿：“杜真子，你这个长着一张猫脸的小女巫……”

“喵呜——”

杜真子带来的那只猫又弓起背来，脸上带着一种杀气腾腾的笑，两只眼睛绿光闪闪，像在喷射着绿色的怒火。

选自《淘气包马小跳系列·疯丫头杜真子》

8. 戴安想哭。但她不能让眼泪流下来，尤其是不能让戴小荷看见她的眼泪。在她很小很小的时候，戴小荷就没见过她的眼泪了。因为在她很小很小的时候，她就已经意识到她和妈妈的生活中，缺少一个男人，缺少一种呵护，她要保护她妈妈和她自己。所以她不能像别的女孩那样想哭就哭，更不能让妈妈看见她哭。

戴安不想再听戴小荷跟她谈起他，她想一个人安静地呆一会儿。她不让眼泪流出来，心里却堵得慌。

选自《假小子戴安》

9. 解完小便，路过蜜儿的房间，她见房间的门虚掩着，她突然想看看蜜儿睡着了是什么样子的。

孟小乔轻轻推开门，一缕月光正照在蜜儿的床上——床上空空的，蜜儿不见了。

深更半夜的，蜜儿会到哪里去呢？

孟小乔想喊，可又怕她的爸爸妈妈听见，只好带着满腹狐疑回到她的房间。

人躺在床上，耳朵却伸在蜜儿的房间里，孟小乔注意着蜜儿房间里的动静。

选自《那个骑轮箱来的蜜儿》

10. 等爸爸妈妈睡了后，米老鼠跑到卫生间里，把门关起来，洗那条该死的裙子。可是越洗越糟糕，那口香糖在裙子上粘得更紧了。

米老鼠用了高效洗衣粉，又用了去污洗洁精，手都搓红了，那粘在裙子上的口香糖还是没洗下来。

米老鼠快哭了，这次是真哭，不是假哭。

“早知今日，何必当初！”饱受折磨的米老鼠感慨万千，“害人终害己啊！”

米老鼠只恨世界上没有后悔药卖，如果有，他一定买一大瓶，今后再也不做这样的坏事了。

选自《五·三班的坏小子》

11. 杜真子刚走进餐厅，就看见马小跳夹着一大块狗肉正往嘴里送。

“马小跳，你不能吃！”

“为什么不能吃？”马小跳又和杜真子吵上了，“凭什么你不吃，也不准我吃？”

“马小跳，别理她！”杜真子的妈妈把一大块狗肉夹到马小跳的碗里，“你吃，你使劲吃！”

“那是狗肉！”

马小跳听杜真子这么一叫，握着筷子的手抖了一下，那块狗肉掉在了地上。

选自《笑猫日记·保姆狗的阴谋》

12. 第二天，杜真子就来了，风风火火地来了。她一手抱着那只会笑的猫，一手拖着一个大轮箱，一进门便大呼小叫。

“最最亲爱的姨妈！最最亲爱的姨父！”

可一看见马小跳，眼睛一闭，嘴巴一撇：“讨厌！”

马小跳有一些时候没见到杜真子了，今天一见她，突然发现，杜真子原来一张圆圆的脸，现在怎么变成了一张短短的猫脸？还有，她原来的眼睛也没有现在这么大呀，还闪着绿光。

选自《淘气包马小跳系列·疯丫头杜真子》

13. 会笑的猫伸出爪子，拉下被子。马小跳又看见会笑的猫在冷笑。

马小跳全身的鸡皮疙瘩在紧急集合。他从沙发上滚下来，然后跑进卫生间里。

哗！哗！哗！

马小跳把马桶冲干净，回到被窝里，却再也睡不着了。一闭上眼睛，就觉得杜真子带来的那只猫，在向他冷笑。

马小跳毛骨悚然，不敢再睡。听到宝贝儿妈妈已经在厨房里做早餐，便悄悄来到厨房里。

选自《淘气包马小跳系列·疯丫头杜真子》

14. 马小跳顺藤摸瓜，想进杜真子的房间里去看个究竟，杜真子挡在门前："你不认得这上面写的字吗？"

马小跳当然认得那门上贴着的字条：女生寝室，男生免进。

"这是我的房间！"

马小跳想推开杜真子，杜真子双手叉腰，稳如泰山："我现在住在里面，这就是我的房间。"

来硬的不行，就来软的。

马小跳嘻皮笑脸："杜真子，我是为了保护你，我怕鬼真的进去过，我只进去看一眼……"

杜真子捂住耳朵尖声大叫："姨妈！姨妈！我怀疑马小跳患了狂想症，快送他去医院！"

选自《淘气包马小跳系列·疯丫头杜真子》

15. 啪的一声，马小跳十分悲壮地放下筷子："我不吃了！"

杜真子向马小跳钩钩手指头。马小跳会意，溜出了餐厅。

马小跳溜进杜真子的房间，刚才的豪情壮志都没有了："我有点饿。"

"你是不是后悔了？"

"我不后悔！"马小跳信誓旦旦，"我饿死也不吃狗肉！"

"那巧克力呢？"

马小跳用那如饿狼一般的目光四处寻找："还不快拿出来！"

选自《笑猫日记·保姆狗的阴谋》

16. 唐飞问到了马小跳的痛处，这让他在几个好朋友面前很没面子。他冲上去想撕下那张纸条，只见那只守在门前的猫把背弓了起来。

"喵呜——"

皮笑肉不笑的猫变成了一只狞笑的猫。只要马小跳再往前走一步，它就可能对他不客气。

马小跳心里发憷，全身的汗毛都竖起来了。他跟猫对峙着，腿却在打抖。

"怎么，马小跳，你怕啦？"

毛超在一旁煽风点火，他想看马小跳和猫的搏斗。马小跳识破了毛超的阴谋诡计，他才不会跟猫搏斗呢！

选自《淘气包马小跳系列·疯丫头杜真子》

17. “啊——”

杜真子发出一声尖叫，双手捂住眼睛。

马天笑先生从书房里冲出来，宝贝儿妈妈也从卧室里冲出来，他们以为发生了什么事。

“杜真子，你的眼睛怎么啦？”

杜真子的手还捂着眼睛：“我看了不该看的东西，眼睛会烂掉的。”

马天笑先生问：“你看了什么不该看的东西？”

“马小跳的裸体。”

马小跳奋起自辩：“我穿了内裤。”

选自《淘气包马小跳系列·疯丫头杜真子》

18. 就在这时，杜真子的妈妈又打电话来了。这一次，是杜真子接的电话：“我们在看书。”

我猜想杜真子的妈妈在问：“看什么书？”

杜真子沉着冷静地回答：“你规定的必读书。”

杜真子放下电话，我就听见马小跳在说：“杜真子，我今天才发现，你撒起谎来，面不改色心不跳。”

“你以为我想撒谎呀？还不是被他们这些大人逼的。”

马小跳一身正气：“就是大刀架在我的脖子上，我也决不撒谎！”

“好！给你一个不撒谎的机会。”杜真子开始拨电话，“你现在就跟我妈说真话，说你正在看一本破案的书。”

“算啦，算啦！”马小跳挂断电话，“多一事不如少一事。说真话，麻烦大；说假话，没麻烦。”

选自《笑猫日记·能闻出孩子味儿的乌龟》

爸爸妈妈

1. 到学校上了几天课，杜歌飞就向爸爸妈妈提出，他不要他们接送，上学放学他要自己走。

“不可以。”

爸爸和妈妈异口同声，就好像两个人长着一个脑袋似的。

选自《小男生杜歌飞》

2. 宝贝儿妈妈长得很漂亮，而马天笑先生呢？套用一句他最好的朋友河马大叔形容他长相的话说，是“歪瓜裂枣”。还有很多人说宝贝儿妈妈是一朵鲜花，马天笑先生是一堆牛粪。马小跳一直不明白的是，宝贝儿妈妈这朵鲜花，怎么插在了他爸爸这堆牛粪上？

选自《淘气包马小跳系列·天真妈妈》

3. 花匠的盆栽罐头卖不出去，陶陶爸的泡沫蔬菜也卖不出去，他们的产品堆积如山，愁得吃不下饭，睡不着觉。一夜之间，花匠的头发全白了，陶陶爸的脸上也平添了好几条皱纹，他们只好又来到“金点子无限公司”。

选自《没有尾巴的狼》

4. 晚上，孟小乔躺在床上想了一会儿爸爸和妈妈的事，迷迷糊糊正要睡着的时候，爸爸回来了。孟小乔睡意顿消，竖起耳朵听着外边的动静。

他们果然吵架了，争吵声从小到大，尽管爸爸想尽量压低声音，妈妈的声音却越来越高，压住了爸爸的声音。最后听到爸爸冲出卧室，高吼一声：“你简直让人受不了！”

接着，又听到“砰”的一声，那是碰门的声音，孟小乔的手心脚心都出汗了，她担心爸爸会离家出去。

选自《那个骑轮箱来的蜜儿》

5. 傅琳琳爸爸把门打开，王二一头撞了进来，他那满是灰土的胶鞋就那么踩在深红色的西班牙地砖上。

“老傅。”王二没有叫总经理，而且脸上也没有平时那种既谦恭又巴结的笑，“去把你家的电表、水表、煤气表查一查，报个数来。”

傅琳琳爸爸愣在那里。傅琳琳妈妈和傅琳琳都愣在那里，他们都在怀疑眼前这个人是不是王二。

傅琳琳爸爸终于回过神来，厉声问道：“你是王二吗？”

“你这个问题跟我问你‘你是傅副总经理吗’是一样的。”王二尖嘴利舌地回敬道。

选自《那个骑轮箱来的蜜儿》

6. 孟小乔爸爸和那位年轻的小姐有说有笑，他像电影里那些绅士一样，风度优雅地小口小口地啜着杯中的饮料，孟小乔觉得他跟在家里完全像两个人，在家里爸爸无论喝什么总是仰头一饮而尽的，嘴角边还常常流下一点来。

那位年轻漂亮的小姐不知在讲什么有趣的事情。孟小乔爸爸听得十分专注。他的身子向前倾着，眼睛笑眯眯地看着对方，不时与那位小姐一道发出愉快的笑声。看得出来，爸爸跟那位小姐在一起很快活。孟小乔心里不由得一阵难受，她是在为她妈妈难受，因为在她的记忆里，她的爸爸从来没有这么专注地听她妈妈说话，从来没有与她的妈妈一道发出过这么愉快的笑声。她早就隐隐约约地感到爸爸和妈妈在一起似乎并不快活。

选自《那个骑轮箱来的蜜儿》

亲子之间

男孩们

1. 精豆豆看见他爸他妈气势汹汹地过来了，想逃，可他爸一个箭步冲过来，揪住了他的耳朵。

选自《男生日记》

2. 丁爸爸看着他的儿子丁文涛，笑得嘴巴都合不拢了。他儿子跟那几个想当游乐园总经理、想当美食评委、想当快递员的浑小子一比——咳，简直就不能比。

丁爸爸再一次坚信不疑：他的儿子，是出类拔萃的儿子。

选自《淘气包马小跳系列·小大人丁文涛》

3. 肥猫的妈懂得“那个”就是“喜欢”的意思。她终于问出了那句话:“你喜欢她吗?”

“No! No! No!”肥猫拼命地摇头,腮帮子两边的肉都鼓荡起来,“我不喜欢,我喜欢她请我吃点心。”

肥猫的妈悬着的一颗心踏实下来。她儿子还是一个不省事的浑小子。于是,她放心大胆地让肥猫去吃夏雪儿的点心。

选自《漂亮老师和坏小子》

4. 那从房车里面走出来的人肯定就是唐飞的爸爸,矮胖矮胖,也像唐飞那样挺着肚子走路。如果唐飞像小企鹅,他爸爸就像大企鹅,他穿着黑色的燕尾服,打着黑色的领结,里面是白得耀眼的衬衫,他比唐飞更像一只企鹅。

选自《淘气包马小跳系列·四个调皮蛋》

5. 李小俊妈妈回到家里的时候,李小俊正戴着耳机,把自己关在房间里。

李小俊妈妈把耳朵贴在门上听了一会儿,没听见任何声音。她怀疑李小俊在干什么,扭开门锁,“轰”的一声扑了进去。

李小俊把耳机从耳朵上拿下来,他不知道他妈妈要干什么。

选自《假小子戴安》

6. 马小跳送走了他爸他妈，重新回到床上睡回笼觉。闹钟会在七点半叫醒他，可还没到七点半钟，他就被门铃声吵醒了。

马小跳睡眼朦胧地开了门，“哇”地叫了一声，我以为他见到了妖怪，原来是杜真子和她的妈妈来了。杜真子的妈妈拖着一个大行李箱，杜真子拖着一个小行李箱，一看就是要安营扎寨的样子。

选自《笑猫日记·能闻出孩子味儿的乌龟》

7. “马小跳，你跟那个叫夏林果的女孩子，到底是怎么一回事？”

“能有什么事？”马小跳翻翻白眼，“人家都不理我。”

“人家都不理你，你还去喜欢人家？”马天笑先生恨铁不成钢，“马小跳，你真不像我的儿子。”

“夏林果有时候也理我。”马小跳想给自己捞回一点面子，“我只不过想跟她同桌，不想跟路曼曼同桌。”

选自《淘气包马小跳系列·漂亮女孩夏林果》

8. 马小跳走在路上，就开始摸他的屁股，他的屁股又要遭殃了。他想给了秦老师那么多的号码，她现在肯定已经跟他老爸联系上了。其实，马天笑先生平时是不打马小跳的。无论他多么调皮，多么捣蛋，他都不打。但是只要老师一向他告状，他就要打，这似乎表明他对老师的重视，似乎表明他已经管教了儿子。

选自《淘气包马小跳系列·贪玩老爸》

9. “什么？你打架了？”

“对，我打架了，我会打架了！”李小俊对着穿衣镜“嘿”一声，打出一个漂亮的直拳。

如大祸临门，李小俊妈妈的声音打着颤：“谁教你打架的？”

“我们米老师教的。”

老师会教学生打架？真是骇人听闻。李小俊妈妈目瞪口呆，张大的嘴巴半天都没合拢。

选自《漂亮老师和坏小子》

10. 那天，李小俊打了肥猫和米老鼠，回到家里，他妈妈又问他：“今天，有没有人欺负你？”

“有！”

“快告诉妈妈，谁欺负你了？你去找米老师没有？”

“没有！”

如果在以前，李小俊早就哭着倒在妈妈的怀抱里了。可是今天，他却避开了朝他扑过来的妈妈，第一次对他妈妈起了反感，觉得他妈妈像母鸡婆，她的声音也不好听，像让人心烦的母鸡叫。

选自《漂亮老师和坏小子》

11. “狗肉又怎么啦？狗肉又怎么啦？”杜真子的妈妈恼羞成怒，“冬至这一天，家家都吃狗肉。为什么我们家就不行？”

“姨妈，你知道狗是什么动物吗？”马小跳才不怕他的姨妈嗓门儿大，他的嗓门儿比姨妈的更大，“狗是我们人类最忠诚的朋友，我们怎么能吃我们最忠诚的朋友的肉呢？”

马小跳的爸爸和妈妈都放下了筷子，哭笑不得。

选自《笑猫日记·保姆狗的阴谋》

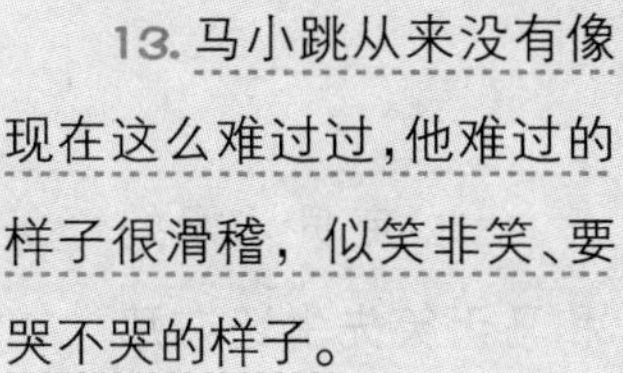

12. 秦老师终于同意让马小跳说这句台词了。

马小跳把这句台词至少练了一百遍。马天笑先生说："说'虚心使人进步，骄傲使人落后'这句台词，一定要用充满智慧的声音说。"

马小跳不知道什么样的声音是充满智慧的声音。

马天笑先生示范了一遍，马小跳就笑起来：原来充满智慧的声音，就是拖声拖气、瓮声瓮气。

选自《淘气包马小跳系列·轰隆隆老师》

13. 马小跳从来没有像现在这么难过过，他难过的样子很滑稽，似笑非笑、要哭不哭的样子。

"马小跳，你这表情好奇怪！"马天笑先生越看马小跳，越不顺眼，"你要哭就痛痛快快地哭出来。"

"儿子，不要哭！"宝贝儿妈妈一把抱住马小跳，"妈妈今天很高兴，真的很高兴。"

看着宝贝儿妈妈那双美丽的脚，本来是应该穿水晶鞋的，现在却缠满了白色的绷带，马小跳"哇"的一声大哭起来。

选自《淘气包马小跳系列·天真妈妈》

14. 宝贝儿妈妈和马天笑先生还在那里口口声声地要杜真子做他们的女儿。杜真子说，做他们的女儿可以,但她不要马小跳这样的哥哥。

杜真子只不过是这样说说而已,最多想气气马小跳。没想到马小跳却认了真,他把碗筷一放,“腾”的一下站起来，指着杜真子说:“我还不想要你这个疯丫头妹妹呢！”

马小跳冲出门外，他的嘴角上还沾着一颗饭粒，就这样离家出走了。

选自《淘气包马小跳系列·疯丫头杜真子》

15. 一听这话，李小俊妈妈真的哭了。她一哭,就要把口头禅哭出来:“可怜我们孤儿寡母……”

“啪”的一声,李小俊把饭碗往桌上重重地一蹾,眉毛竖起,完全是一派英雄气概:“妈妈，今后我再也不要听到你说这样的话了。我们是孤儿寡母,但是,我们不可怜！”

李小俊妈妈傻了，她像不认识李小俊似的，这是她那像女孩子一样腼腆的儿子吗？这是她那像小绵羊一样温顺的俊儿吗？

选自《漂亮老师和坏小子》

16. 马小跳明白了，丁克舅舅喜欢的女孩子，一定要有缺陷美，也就是说，这个人的身上，一定要有点毛病。

马小跳在那里冥思苦想：他认识的人当中，谁具有缺陷美？

马小跳很容易就想到了 Miss 张。Miss 张是他爸爸为他请回来的家庭英语教师，口语特别棒。马小跳第一次见到 Miss 张，马上就明白她的口语为什么那样棒，因为她有个与众不同的嘴巴。她的嘴巴，至少比马小跳的嘴巴大一倍。

选自《淘气包马小跳系列·丁克舅舅》

17. 马小跳狠狠地瞪着马天笑先生，再一次强调："我没有病！"

"有病的人都爱说自己没有病。"马天笑先生一边说，一边从盒子里抓出第二个鸡柳汉堡来，"就像喝醉酒的人，偏要说自己没醉。"

马天笑先生拿着那个鸡柳汉堡，一副难以下咽的样子："实在吃不下去了，但还是得把它吃了。唉，没办法，谁叫你病了呢？"

马小跳使劲地咽着口水，眼睁睁地看着马天笑先生一边叹气，一边痛苦地吃掉了第二个鸡柳汉堡。

选自《淘气包马小跳系列·贪玩老爸》

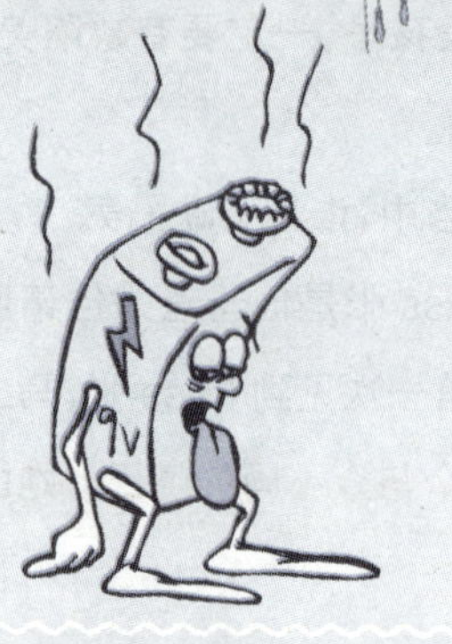

18. 马天笑先生下楼来，正好看见高大伟的爸爸抓着马小跳不放，马小跳一副小鸡被老鹰抓着的可怜相。

这还了得！

马天笑先生冲过去抓住高大伟爸爸的手："你一个大人欺负小孩，你不害臊啊？"

高大伟的爸爸放开马小跳，和马天笑先生吵起来。两个爸爸像两只斗红了眼的公鸡，样子好凶啊！

马小跳和高大伟笑嘻嘻在一旁看热闹。

高大伟说："你爸像一只饿狼。"

马小跳说："你爸像一头疯狮子。"

选自《淘气包马小跳系列·贪玩老爸》

19. "马小跳！"马天笑先生在卧室里，像睡醒的狮子一般吼起来，"我袜子呢？"

"在洗衣机里。"

"噢——"马天笑先生一头倒在床上，大放悲声，"我怎么办？我只有这么一双干净袜子……"

马小跳说："马上就洗好了。"

马天笑先生本来就火冒三丈，马小跳这句话更是火上浇油，马天笑先生已经是火冒万丈了："如果让我穿湿袜子去赴宴，我还不如不穿。"

选自《淘气包马小跳系列·天真妈妈》

20. 马天笑先生打破沙锅问到底："那你喜欢你们班上哪个女同学？"

马小跳想都不想就回答道："谁都不喜欢。"

马天笑先生不甘心，他非得问出个什么来不可："在你们班上，就没有一个你愿意跟她玩、跟她讲话的女生？"

马小跳想回答说有这么一个女生，就是跟他家门对门的邻居女孩安琪儿。但马小跳没有说出来，因为安琪儿长得不好看，还有点笨，有点傻，他怕老爸笑话他。可见男人的虚荣心在马小跳这么小的年纪就有了。

选自《淘气包马小跳系列·贪玩老爸》

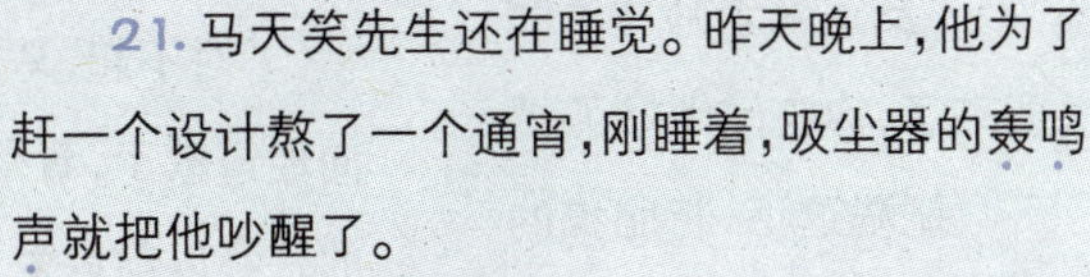

21. 马天笑先生还在睡觉。昨天晚上，他为了赶一个设计熬了一个通宵，刚睡着，吸尘器的轰鸣声就把他吵醒了。

"怎么这时候吸地，还让不让人睡觉？"

睡觉重要，还是挣钱重要？当然是挣钱重要。

马小跳继续吸。

马天笑先生最愤怒的事情，就是别人不让他好好睡觉。

"马小跳，我要睡觉！"

"我要挣钱！"马小跳理直气壮，"宝贝儿妈妈说，吸一间房挣一毛钱。"

选自《淘气包马小跳系列·天真妈妈》

22. 肥猫的爸压住火气，看着肥猫稀里呼噜地扒完了两碗饭，稀里呼噜地喝完了一大碗汤，然后厉声道："说，你又犯了什么错？"

肚子饱了，脑袋却空了。肥猫到底犯了哪些错，他一件都记不起来。

"反正米老师马上就要来了，你去问她好了。"

肥猫这话，将肥猫的爸彻底激怒了。他一巴掌拍在桌子上，汤盆里金灿灿的鸡汤荡了出来，桌子上油汪汪的一大片。

"你还好意思让我去问老师？我的脸都被你丢尽了。"

选自《漂亮老师和坏小子》

23. 马加的爸爸把红包收起来，我们又接着吃比萨饼。马加的后妈在我们每人的杯子里斟满可口可乐，然后举起杯来："我敬各位同学一杯，感谢你们对马加的关心，对小马达的关心。如果没有你们的帮助，真不知小马达……"

马加的后妈哽咽着说不下去。

"阿姨，别说了，我们干杯吧！"

我们一一和阿姨碰杯，马加也和她碰了杯。

"对不起，马加。"马加的后妈向他道歉了，看得出来是真心真意的，"我以前偏爱弟弟，对你不好，没想到你心里不但不记恨我，还对弟弟这么好，你真是一个心眼儿善良的孩子。"

选自《女生日记》

24. 妈妈一边往墙上挂藏族围裙，一边说：“你爸的艺术感觉真是没说的，你看他选的这条围裙，多有品位啊……”

我说：“老爸这么好，你为什么要跟他离婚呢？”

妈妈一点不回避我的这个问题。

“我跟你爸只能做朋友，不能做夫妻。以前在一起的时候，老是吵吵闹闹的，现在分开了，反而和和气气，你说不好吗？”

只要他俩觉得好，就好。

选自《男生日记》

25. 导购小姐十分有把握地拿出一条红方格子的裙子来，裙子上打着许多褶，里面还有白色的衬裙，衬裙下面还有蕾丝花边。

马小跳对这条红方格裙子十分满意。他甚至想起路曼曼有一件白毛衣，有一双红皮鞋，配上这条红方格裙子正合适。他想象着路曼曼穿上这条有这么多褶子的裙子，身子一转，裙子就会像花一样盛开……

回家的路上，看着兴高采烈的儿子，马天笑先生搞不懂了：“马小跳，你说你不喜欢路曼曼，讨厌路曼曼，可你又这么高兴地给她买裙子，可见你还是喜欢路曼曼。”

马小跳坚定不移：“我不喜欢路曼曼，但我喜欢看路曼曼穿得漂亮。”

选自《淘气包马小跳系列·贪玩老爸》

26. “马小跳，从今天起，由我来管教你。我给你和杜真子制定了一张时间表，你们俩必须按照时间表上规定的去做。”

过了一会儿，估计马小跳和杜真子已经看到了时间表，我听见了他们绝望的叫声。

杜真子：“你才给我们六个小时的睡觉时间、三个小时的吃饭时间。其余的时间都在学习！”

杜真子的妈妈：“想睡觉的时间多吗？想吃饭的时间多吗？那你们就去变猪吧！”

马小跳：“姨妈，孩子也是人，请你尊重我们！”

杜真子的妈妈：“马小跳，有你这么跟长辈说话的吗？一点规矩都不懂……”

杜真子的妈妈数落了马小跳，接着又数落杜真子。她叽里呱啦、叽里呱啦地数落个不停。在她的眼里，杜真子和马小跳只有缺点，没有优点。

选自《笑猫日记·能闻出孩子味儿的乌龟》

27. 这时候，宝贝儿妈妈从美发店回来，准备和马天笑先生一起去赴宴。

“咦，我的那件羊毛衫呢？”

马小跳像报喜一样：“在洗衣机里，正甩干呢！”

“哇”的一声，宝贝儿妈妈就哭起来。

马小跳傻了，他不明白宝贝儿妈妈为什么要哭，而且哭得这么伤心。

马天笑先生赶紧揭开洗衣机的盖，把羊毛衫抢救出来。可是，晚了，羊毛衫已经变形了，缩得又短又小。

忙忙碌碌的马小跳，一分钱没挣到不说，爸爸妈妈还不给他好脸色看。马小跳万念俱灰：要想做点事情，要想挣点钱，怎么就这样难呢？

选自《淘气包马小跳系列·天真妈妈》

28. 马天笑先生回到沙发上，又喊了一声马小跳。

马小跳还那样，睁一只眼闭一只眼，嘴里嘟囔道：“两个男人之间的谈话，关我什么事？”

“两个男人就是你和我。”马天笑先生觉得好笑，“马小跳，你说你是不是男人？”

马小跳反问：“我不是男人是什么人？”

“是男人就快过来。”

“过来就过来。”

马小跳迈着男人的步伐，像男人那样四平八稳地坐下了。

马小跳看了一眼马天笑先生，就把嘴捂住偷笑。平时见惯了马天笑先生爸爸不像爸爸、厂长不像厂长的不正经相，现在他一下子正经起来，绷着一张脸，那鼻子、眼睛、嘴巴都不像他自己的，像从别人脸上借来安上去的一样。

选自《淘气包马小跳系列·天真妈妈》

29. “老爸，我们秦老师请你到学校去一趟。”

马天笑先生关掉电视，用看犯人的目光看着马小跳。

“说！马小跳，你又犯什么事儿啦？”

马小跳说：“没犯什么事儿。”

“没犯什么事儿，你们秦老师请我到学校去干什么？”

马小跳本来想把事情的来龙去脉给马天笑先生说一遍，但事情好像已经被他搞得很复杂，复杂的事情是没有来龙去脉的。

“去了你就知道了。但是，你要答应我一个请求。”马小跳有点悲壮，“无论发生了什么事情，我都希望你不要打我。”

“那可不一定。”马天笑先生挥挥手，“你先回房间去吧，等我去了学校再说。”

选自《淘气包马小跳系列·轰隆隆老师》

30. 说话间，悍马越野车和花吉普已经开进了院子里。从悍马越野车里下来的，果然是唐飞的爸；从花吉普里下来的，果然是马小跳的爸。两个爸爸见到唐飞和马小跳时的表情，是不是太夸张？他们好像不是几天，而是几年没见到自己的宝贝儿子了。

“嗨，小伙子！”马天笑先生像哥们儿那样拍拍马小跳的肩膀，“长帅了！”

唐飞的爸爸始终跟他的儿子保持一定的距离，好像欣赏不够似的：“黑了，瘦了，结实了。”

听唐飞的爸爸这么一说，我才认认真真地看了看唐飞。他身上的泡泡肉确实没有以前那么多了，皮肤的颜色也不是白花花的了。

两个爸爸夸完自己的儿子，又夸张达和毛超。四个男孩都被夸得心花怒放。

选自《笑猫日记·幸福的鸭子》

31.“每次到你外婆家去，我都有一种亦真亦幻的感觉，总觉得你外公还活着。”

我说：“外公去世的时候，外婆并不像你和舅舅那样悲伤，是不是因为她不肯相信外公已经离我们而去？”

“像你外婆和外公一辈子这样相亲相爱多好啊！”

妈妈一脸无限神往的表情。

“我们班上有许多同学的父母都离婚了，为什么他们不能像外公和外婆那样相亲相爱一辈子呢？”

“这是一种缘分，可遇不可求。”

妈妈从神往中回到现实中来，有些忧伤，有些无奈——她和爸爸也是离婚的。我很抱歉在这么美好的夜晚，跟妈妈谈到这个既沉重又复杂的问题。

选自《男生日记》

32. 花吉普停在院子里，马天笑先生从车里下来了。四个男孩子十分警惕地看着他，连他的儿子马小跳的脸上也没有什么高兴的表情。

"你们怎么啦？"马天笑先生朝马小跳张开双臂，"儿子，你不过来跟你老爸抱一抱？"

马小跳不跟他的老爸抱，还是警惕地看着他的老爸："你来干什么？"

"我给你们送来了一个人。"

"是宝贝儿妈妈！"马小跳蹦跳着去拉开车门，"宝贝儿妈妈——怎么是你？"

"为什么不能是我？"

天哪！是杜真子！

杜真子刚从车上下来，我就纵身一跳，扑到了杜真子的身上。杜真子抱着我，不停地亲我的脸："哦，笑猫，想死你了！"

真是喜从天降！除了马小跳，其他的人都兴高采烈，像过节一样。毛超哇啦哇啦地说个不停；张达一个劲儿地傻笑；唐飞更可笑，跑前跑后，就像一条哈巴狗。

选自《笑猫日记·幸福的鸭子》

女孩们

1.这个家里，太需要一个男人来保护她们了。戴安要来做这个家里的男人。她开始是把自己想象成男孩子，渐渐地，她真把自己当男孩子了。她从来不扎辫子，不穿花衣，不穿裙子，不玩洋娃娃，不当着人流眼泪。当然，她也会流眼泪，在想爸爸的时候，她把自己关在卫生间里，对着镜子流。

选自《假小子戴安》

2.如果孟小乔的妈妈醒来了的话，那么孟小乔的爸爸和孟小乔也就醒来了，因为孟小乔妈妈一睁开眼睛就要说话，见到什么说什么。她的声音又尖又细，唧呀唧呀，唧呀唧呀，就像在放一张很旧很旧的老唱片。这个时候，就是捂住耳朵，也睡不着了。

选自《那个骑轮箱来的蜜儿》

3. 安妈妈还在那里计划安琪儿的生日 party，讲得眉毛都要飞起来了，安琪儿却昏昏欲睡。安爸爸打断安妈妈的话，讲他的游乐园计划，讲得慷慨激昂，唾沫横飞。安爸爸和安妈妈又吵起来，不知吵了多长时间，也不知他们吵了些什么，因为安琪儿已经趴在桌子上睡着了。

选自《淘气包马小跳系列·笨女孩安琪儿》

4. 孟小乔妈妈的声音尖得刺耳，孟小乔赶紧捂住耳朵跑进了卫生间。

孟小乔拧开水龙头，让自来水哗哗地响，以压住妈妈的吵闹声。然而，妈妈的声音太尖利了，穿透力极强，直往孟小乔的耳朵里钻。孟小乔受不了了，她真的受不了了，连睡裙都没换，就冲出了家门。

选自《那个骑轮箱来的蜜儿》

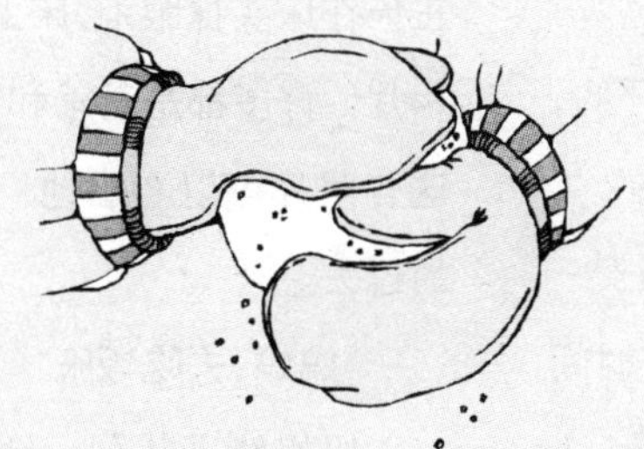

5. 孟小乔爸爸开始找书，书不见了。

“蜜儿，你看见一本英语书没有？”

“没有。”蜜儿在厨房里回答，孟小乔看见她从厨房里伸出头来，向她一笑，那是一种意味深长的笑。

孟小乔爸爸心里虽有许多疑惑，然而他却有自知之明，知道自己有丢三落四的老毛病，所以不好怪罪别人的。

选自《那个骑轮箱来的蜜儿》

6. 安先生和戴安面对面，戴安的两只手被安先生轻轻地握着，随着华尔兹舒缓的音乐，戴安在安先生的带引下，他们滑起了优美的冰上华尔兹。

安先生带得轻盈、安稳，戴安极有安全感，一点都不用担心她会摔倒。她微闭着双眼，透过颤动的睫毛，她看见安先生的下巴中间，竖着一道很深的痕。她自己的下巴上也竖着一道痕，只不过这道痕很浅，要仔细看才看得出来。

选自《假小子戴安》

7. 戴安气呼呼的，安先生问她怎么啦？

“没什么。”戴安一脸的无所谓，“现在时间还早，我们去滑冰吧！”

戴安把那晚她妈妈要她作的保证：“不要跟这个陌生的男人在一起”，忘到九霄云外了。她自己也不知道为什么，为什么跟安先生有一见如故的感觉？为什么跟安先生会有一种天然的亲近感？为什么会经常想他？

选自《假小子戴安》

8. 孟小乔轻轻推开房间的门，妈妈正倚在床头抹眼泪，床上撒满了黑白老相片，许多都是爸爸和妈妈的合影，从这些照片可以看出他们有着甜蜜美丽的过去。

“妈妈，去吃饭吧！”

妈妈终于找到一个可以倾诉的对象了，她眼泪汪汪，反反复复就这么一句话：“怎么会搞成今天这个样子？怎么会搞成今天这个样子？”

孟小乔不知道怎么安慰妈妈才好，只得垂头丧气地走了出去。

选自《那个骑轮箱来的蜜儿》

9. 杜真子的眼睛本来就大，现在她瞪着这条血淋淋的狗腿，眼睛睁得更大了，目光又呆又直。

“啊——”

杜真子发出一声仿佛要把耳膜撕破的尖叫。

“杜真子，一大清早，你发什么疯？”

杜真子的妈妈完全不能理解杜真子为什么会有这样强烈的反应。

两滴又大又亮的泪珠，从杜真子的大眼睛里滚出来：“妈妈，为什么要吃狗肉？”

选自《笑猫日记·保姆狗的阴谋》

10. 哇噻，大功告成！我抱住妈妈，在她脸上“叭”地亲了一下。爸爸说：“怎么，不亲我一下吗？”

我长大了，不好意思再抱爸爸，只是伸过嘴去，在他脸上轻轻地吻一下。爸爸却一把搂住了我，在我耳边说：“女儿，我们为你骄傲！”

“为我骄傲？”

“我说这句话可是真心的哦。”爸爸笑道，“不像你刚才绕圈子说那么多，全都是哄我和你妈妈的。”

爸爸的话像戳穿了西洋镜，一家三口都哈哈大笑起来。

选自《女生日记》

11. 爸爸是狼吞虎咽地把一杯豆奶和两个菜包子送进了肚子，我怀疑他什么味道都没吃出来。见爸爸已经在用餐巾纸擦嘴，我问道："味道怎么样？"

爸爸愣了一下，也许他已经忘记他吃下去的是什么了。我帮爸爸系好领带，爸爸伸过脸来："快亲亲我，宝贝女儿，我要迟到了！"

我本能地推开了爸爸的脸。我不知道为什么要这样做，这是我第一次拒绝爸爸。

爸爸一点儿都不难为情，反而哈哈大笑："长大了，知道害羞了！"

选自《女生日记》

12. 玩了"勇敢者转盘"，还玩了"翻滚列车"、"疯狂米老鼠"，一点一点捡回了童年的记忆，仿佛又回到了从前的时光。

在游乐园，我和爸爸真是玩疯了，我把什么毕业考试呀、什么重点中学呀通通抛开，爸爸也把工程呀、设计呀通通抛开……

现在我明白了爸爸为什么总像一个大男孩，总是那么富有创造力和想象力，原来不老的爸爸拥有一颗不老的童心。

有童心的人永远不会老。

选自《女生日记》

13. 孟小乔突然尖叫一声："请老师，请老师，我都快累死了！"

孟小乔的尖叫声把孟先生和孟太太吓了一跳，把她自己也吓了一跳。

"孟小乔，你要理解爸爸，我这是爱你呀！"

"是呀，是呀！"孟太太连声附和道，"吃得苦中苦，方为人上人！"

孟小乔尖叫道："你们这样爱我，还不如把我杀了！"

孟小乔不知哪来这么大的脾气，她冲进她的房间，"砰"的一声关上房门，就开始扔东西。

她把布娃娃、绒毛熊、吹气圣诞老人、木头玩具通通扔到地板上，又把她书包里的东西没完没了地往外扔。

选自《神秘的女老师》

14. 下午放学，她直接去了爸爸的办公室。

"乔乔……"

爸爸脸上的表情很复杂，是惊讶、内疚、疲惫、痛苦，还是无可奈何？而且他叫她乔乔，他平时总是叫她孟小乔的。

"爸爸，我们回家吧！"

爸爸叹了一口气，走过来拉着孟小乔的手，坐在沙发上。

"乔乔，别怪爸爸，是你妈妈确实让我受不了，我受不了她那没完没了的唠叨，唧呀唧呀的声音。她从前可不是这样的呀！"

选自《那个骑轮箱来的蜜儿》

15. 安琪儿正玩得高兴时，她的妈妈突然冲了进来。看着安琪儿闭着眼睛坐在一个像大石头一样的东西上，她特别生气。

“安琪儿，马小跳是不是又在捉弄你？”

“马小跳没有捉弄我。我觉得很好玩！”

“你脑子有毛病啊？坐在一块破石头上，有什么好玩儿的？”安琪儿的妈妈一声怒吼，“马上给我回去！”

我看见安琪儿两只分得很开的眼睛里有泪水一点一点地浸出来，她低着头，离开了马小跳的家。在进她家之前，我听见她的妈妈一直在骂她，一直在抱怨，好像在说她四十岁时才生下安琪儿，早知她这样没出息，当时就不该生下她。

选自《笑猫日记·能闻出孩子味儿的乌龟》

16. 整座办公大楼，只有孟小乔爸爸的办公室还亮着灯光。

办公室在十一楼，电梯在下班的时候就已经关了，孟小乔只好一层一层地爬楼。

当她爬上十一楼的时候，早已上气不接下气了。她站在她爸爸办公室门前，大口大口地喘着气，这时她听见里面有说话声，一男一女，男的声音是她爸爸的，女的声音柔柔的，非常甜美。

选自《那个骑轮箱来的蜜儿》

17. “你爸爸呢？”

安先生知道是不该向戴安提这个问题的，他对戴小荷有承诺，但戴安把话说到这里，他迫不及待地想要知道，戴小荷会怎样在戴安面前讲她的爸爸。

“我爸爸在国外。”戴安倒十分坦然，“我妈妈说他非常爱我，每年我过生日，都会收到他送我的礼物。”

“他每年都送你生日礼物？”

安先生百感交集，惭愧、内疚、悔恨……他从来没有送过戴安生日礼物，他压根儿就不知道自己在国内还有个女儿。

选自《假小子戴安》

18. 说完我挂上电话，回头一看，妈妈目瞪口呆，用看外星人的目光看着我。突然，她发出一声尖叫："老夏——"

爸爸立即从卫生间里冲出来，他双手提着裤子，他一定以为我们家着了火。

"什么事？什么事？"

"你女儿她……她……"

妈妈做出被气晕了、快要倒下去的样子，爸爸赶紧扶住她。

"到底什么事呀？你慢慢说，慢慢说。"

"夏雪儿要去跟一个叫肥猫的男同学约会。"

"真的？"爸爸吃惊不小，眼镜垮下来，挂在鼻尖上。

我说："爸爸，你别听妈妈乱讲，我没有。"

"怎么是乱讲？我亲耳听见的，你们时间、地点都约好了，你还说不见不散。"

"这还了得！"爸爸怒发冲冠，虽然他没有戴帽子，头发还是立了起来。

选自《五·三班的坏小子》

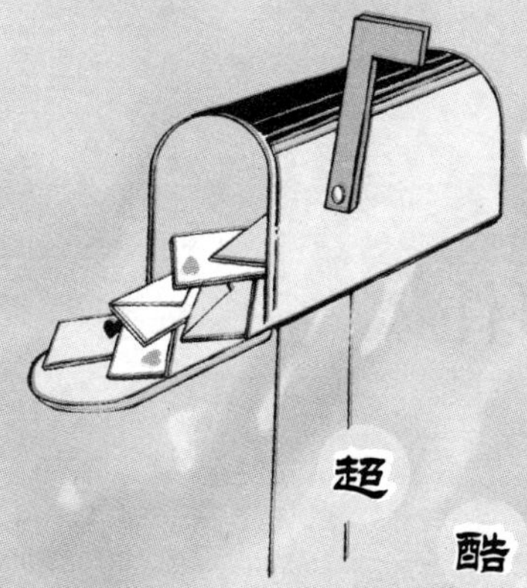

超酷点击

成长事件

《杨红樱作品好词好句好段》丛书一套四本，在每一本的最后部分都安排了一个“超酷点击”特别展示专区。专区中分别选入了杨红樱作品“写人”、“叙事”、“写动物”、“写景状物”的最精彩片段，是为小读者特别准备的杨红樱作品开心阅读体验版。

本册的“超酷点击”名为“**成长事件**”。杨红樱作品准确、鲜活地描述了小学阶段的男孩、女孩记忆深刻的成长时刻、震撼心灵的成长的感觉。在这样的时刻，孩子们第一次有了性别意识，第一次有了自我意识，第一次有了“长大”的感觉，第一次意识到他们是一个独立的个体正在或即将登上社会的、人生的舞台。这是一个人一生中的关键时刻，是一个人一生中最珍贵的成长记忆和经历。

“成长事件”分“**我是男子汉**”和“**我是女生**”两部分，分别展示杨红樱描写男生、女生那些珍贵的成长时刻的精彩片段。不仅可以作为小读者学写作文的借鉴；更可以特别地提醒小读者：关注自己的成长，随时随地记下自己成长的时刻，以及成长的迷惘、思索等等成长的感觉。

成长事件

我是男子汉

A.还有三天才开元旦庆祝会。杜歌飞每天对着家里的穿衣镜，练行队礼。他把身体站得像小松树一样直，右手五指并拢，高高举过头顶："时刻准备着……"

有一天，杜歌飞看见镜子里那个行队礼的人，突然有了长大的感觉。

选自《小男生杜歌飞》

B.通过今天发生的事，马加的形象在我心目中，不知高大了多少倍。而且，在他们家经历了那场劫难之后，

他好像变了一个人似的，变得强大、勇敢、富有责任心。也许正像我爸爸常说的那样，苦难是人生的财富，多经历一些磨难，人会成长得更快。

选自《女生日记》

C. 马小跳崇拜路曼曼，不是一个秘密，但是他喜欢路曼曼，就是一个秘密了。当然，现在马小跳早就不喜欢路曼曼了，这个秘密他没有对任何人讲过，更没有对张达、毛超和唐飞他们讲过，尽管他们好得绝对不允许有自己的秘密，但马小跳还是没有把这个秘密贡献出来让大家分享。如果让他们几个知道，马小跳在上幼儿园的时候曾经喜欢过路曼曼，不笑死他们几个才怪。

选自《淘气包马小跳系列·同桌冤家》

D. "马小跳，你别敬酒不吃吃罚酒，我才不会选你当中队委呢！是夏林果选你的。"

夏林果会选马小跳当中队委？马小跳更不相信。像马小跳这么大的男孩子，在他心里的最深处，已经藏有一个女孩子了，这个女孩子就是夏林

果。但是夏林果好像不怎么答理马小跳，这也是马小跳有时会莫名烦恼的一个原因。

选自《淘气包马小跳系列·同桌冤家》

E.唐飞的舅舅叶朗是博物学家，他一点都不像马小跳印象中的那些专家学者，戴眼镜，秃顶，因为聪明的脑袋不长毛。这个叶朗博士呀，他顶着一堆烂草一样的头发，一下车就和摄影师马歇尔来了一个激情拥抱，然后拍拍马小跳的肩膀，也不问马小跳姓甚名谁，何方人士，只叫马小跳“小伙子”。马小跳喜欢别人叫他“小伙子”，这样让他有长大的感觉，有顶天立地的感觉。

选自《淘气包马小跳系列·寻找大熊猫》

F.这个市长的头发还是黑的，肚子也没有挺出来，说话时，也不把手叉在腰上。他很帅，风度翩翩，穿一件深紫色的衬衫，系一条深蓝色的重磅真丝领带，一举一动都让马小跳着迷。马小跳又开始想入非非：真正的市长说他小时候跟我一模一样，那么，我长大后，是不是也

会跟真正的市长一模一样?

一想到长大后，自己就成了真正的市长这么帅、这么有风度的男人，马小跳笑起来。真正的市长不知道马小跳在笑什么，但他也跟着马小跳笑。马小跳看见他的牙齿很白、很整齐、很结实。

选自《淘气包马小跳系列·超级市长》

G. 孔一夫的心愿把大家笑惨了，有的笑出了眼泪，有的笑得肚子疼。严老师忍住笑，问道:“你能说说你为什么不想长大?”

孔一夫用手推了一下架在鼻梁上的眼镜，思考了一会儿，然后很深沉地说:“大人太复杂了，活得也太累了。”

同学们的笑声戛然而止，也许在他们心中也有孔一夫这样的感受。

“可是你的这个心愿也太离谱了。”严老师非常遗憾地摇摇头，“人总是要长大的呀!”

选自《那个骑轮箱来的蜜儿》

H. 丁文涛的同桌夏林果问他:“你怎么不上体育课?”

丁文涛捂着肚子:“我肚子痛。”

“什么肚子痛?”毛超不知道从什么地方冒出来，“他割包皮了。”

丁文涛惊得眼镜掉下来挂在鼻尖上，张大嘴巴，半

天说不出一句话来。

夏林果问毛超："割包皮是什么意思？"

丁文涛拼命地朝毛超摆手，又挤眉弄眼。毛超只好对夏林果说："这是我们男孩子的事，不告诉你！"

选自《淘气包马小跳系列·小大人丁文涛》

I.以前，马小跳也郁闷过，但郁闷的时间从来不会过夜。睡一觉醒来，刚升起的太阳是新的，马小跳的心情也是新的——马小跳还是快乐的马小跳。

这一次，马小跳郁闷的时间比较长，已经超过了三天三夜。也想不通：拍给儿童看的儿童电影，为什么儿童看不懂呢？评"最受儿童喜爱的电

影”，为什么不让儿童自己来评呢？最让马小跳想不通的是，就连他尊敬的人，比如校长，比如电视台的长头发导演，比如他的老爸马天笑先生，都在这些问题上支支吾吾，没有自己鲜明的观点，更不愿意明明白白地回答问题。是不是真的就像马天笑先生说的那样，长成了大人，就不像孩子那么天真，那么纯洁了？

现在，马小跳很怕长成大人。

“马小跳，你千万不要那么想。”马天笑先生十分费力地开导马小跳，“很多事情，都不是像 1+1=2 那么简单，也不像黑和白那么分明，黑和白之间，还有灰色……你明白吗？”

马小跳不明白。他看着马天笑先生，眼神是那么空洞，那么无奈。

选自《淘气包马小跳系列·跳跳电视台》

J. 豆芽儿左右环顾，见并没有人注意到他，用手抓起那只鸡翅，心安理得地撕咬起来。一边吃，还一边发出感慨。

“哎，到了青春期，就喜欢吃高脂肪高蛋白的东西。”

罗莉娜没听明白：“什么青春期？”

“你没有发现我已进入了青春期吗？”

豆芽儿伸了伸脖子，扭了扭肩膀。罗莉娜见他唇上无毛、喉上没包，还是原来那样瘦瘦小小一把把，一副铁

树不开花的样子，哪里像在青春期。但目前罗莉娜有求于豆芽儿，所以拣他爱听的说：

“我一看你，就知道你到了青春期。”

豆芽儿向罗莉娜竖起油亮的大拇指：“好眼力！”

选自《假小子戴安》

“对马小跳进行教育了吗？”

马天笑先生点头哈腰：“教育了！教育了！”

“给他讲清楚了早恋的危害性吗？”

“早恋”这个词把马天笑先生吓了一跳。但他又不能反驳秦老师，只好小心翼翼地赔笑脸：“嘿嘿，秦老师，没那么严重吧？”

“还说不严重？”秦老师的两条眉毛拧起来，嗓门也大起来，“这样发展下去，后果不堪设想！”

“秦老师，你先别生气！”马天笑先生安慰秦老师说，“其实，我在读小学的时候，好像也喜欢过一个女孩子，只是在心里喜欢而已，也没出什么事儿。现在要想起来，童年时代的这种情感，特纯真，特美好……”

马天笑先生一脸神往，沉醉在童年时代那种特纯真、特美好的情感里，根本没注意到秦老师的脸已被他气得变了形。

选自《淘气包马小跳系列·漂亮女孩夏林果》

L."马小跳,丁克舅舅跳下去了,张达也跳下去了,你怎么还不跳?"

"马小跳,快跳吧!那美妙的感觉,像自由的小鸟在自由地飞翔。"

唐飞和毛超在怪笑。

马小跳没有跳。他盯着天上的一朵云,一朵悠悠飘动的云。马小跳多么希望自己就是那朵云,那朵没有恐惧感的云。

马小跳不敢跳,他感到羞耻。如果蹦极真的是一个男孩成为一个男人的成年仪式,难道他没有资格做男人吗?

选自《淘气包马小跳系列·丁克舅舅》

M.李小俊妈妈大放悲声:"我这都是为你好呀!我的命好苦啊……我守寡这么多年……"

又来了,又来了。每次李小俊听到他妈妈的这些陈词滥调,连死的念头都有。他跟他妈妈生活了这么多年,

即便他妈妈什么都不说，他也知道她多么的不容易，可以说为他付出了全部。他从小最大的愿望，就是长大了要报答他的妈妈，让他妈妈过上最好最好的日子，所以，相比其他的男孩子，李小俊成熟更早，学习也非常自觉，从来没让他妈妈操过心。可他妈妈经常把那些话挂在嘴边，一直伴随着他成长，让他背负的压力越来越大，以至于他有时会厌恶自己，厌恶他的妈妈，她一开口说话，他的头皮就发麻。

李小俊妈妈已哭得上气不接下气，回自己的房间去继续哭。

李小俊仰面躺在床上，任眼泪顺着眼角汩汩地流。

从什么时候，这颗少年的心离爱他的母亲越来越远？为什么和戴安却越来越近？也许只是彼此在心的最深处，需要理解和温暖。

选自《假小子戴安》

我是女生

A.南柯梦像变了一个人似的，安安静静地坐在教室里，脸上也很平静。看见我们进来，她还笑了一笑，笑得有点羞涩，我心里纳闷：一个风风火火的假小子怎么一下子变得那么有女孩味儿了？

选自《女生日记》

B.平日里，只要戴安和肥猫、豆芽儿、米老鼠、兔巴哥在一块儿，就会勾肩搭背，你拉我扯，动手动脚，现在戴安穿了裙子，等于明明白白宣告：我是女生！肥猫他们几个也不好意思再跟她勾肩搭背，你拉我扯，动手动脚了。

选自《假小子戴安》

C.小魔女的咒语真的应验了，南柯梦头上的小痘痘越来越红，越长越大，小痘痘上又冒出了小白点，就像发

了芽一样。古龙飞和精豆豆趁机起哄，阴阳怪气地说什么："青春美丽痘发芽了！"

从来不梳刘海儿的南柯梦梳起了一层厚厚的刘海儿，希望能遮盖住那些讨厌的小痘痘。

选自《女生日记》

D. 吴缅和南柯梦是三天一大闹，两天一小吵，今天不知为什么事，两人又吵了起来。下课的时候，南柯梦把吴缅刚买的一本电脑游戏书都撕了，吴缅气得也要去毁南柯梦的一样东西，他突然看见南柯梦坐的椅子上有血迹，还有几个同学也看见了，精豆豆还高声叫道："血！流血啦？"

听说有人流血，许多同学都围了过去。

南柯梦捂住脸，趴在桌上哭了起来。

选自《女生日记》

E.早早地起了床，打开衣柜，挑了一件我最喜欢的衣服——胸前有两条飘带的蓝色水兵服穿上，然后到卫生间里，把自己洗得干干净净的。

朝镜子里的我笑一笑，曾经有很多人夸我笑起来很美。我第一次这么认真地端详自己的笑容，嘴角边有一个很小很小的酒窝，真的很美！我抛出了一个飞吻给镜子里的我，轻轻地说了声："我爱你！"

选自《女生日记》

F.自从莫欣儿的爸爸妈妈离婚后，我觉得莫欣儿像突然变了一个人似的，变得特别的好强，特别的有主见，还有点玩世不恭。也许是她以前太委曲求全了，小小年纪就挖空心思做十全十美的乖乖女，想用她的"乖"把爸爸妈妈硬拴在一起，然而，最终还是……对莫欣儿来说，这是一个打击，同时也是一种解脱。

选自《女生日记》

G.下课时，我和南柯梦一道去卫生间，我轻轻撩开她覆在脑门上的刘海儿，只见那几颗小痘痘已变得又红又肿。

我问："疼不疼？"

南柯梦点头："很疼。我心里很害怕。"

南柯梦掏出小镜子照了照，她的眼睛里真的有了恐怖的神色。南柯梦一向是一个天不怕、地不怕的女孩子，她居然也害怕了，我心里也感到害怕。

选自《女生日记》

H.也许南柯梦真的对她脸上的痘不那么在乎了。想起她刚长痘时，把痘挤出血来的情形，战"痘"战"痘"，她如今健康的心理战胜了对"痘"的恐惧心理。

我还看见班上其他几个长痘的女生，以前她们都用厚厚的刘海儿遮盖住长痘的额头，现在也大大方方地把额头亮了出来，大有任其"花开花落"的气概。

选自《女生日记》

I.换上校服，我才发现过了一个暑假，我又长高了许多。白衬衣又短又小，箍在身上紧绷绷的，蓝色的百褶裙也已经短到大腿上了。挺难为情的，鼓了几次勇气，才走出家门。

到了学校，见到了莫欣儿、南柯梦和刘杨惠子，就像有一个世纪没见面似的，嘻嘻哈哈地疯成一团。看她们穿校服的样子也跟我差不多，心里顿时宽慰了许多。男生们却几乎没什么变化，五年级什么样儿，现在还是什么样儿，怪不得又瘦又小的精豆豆会嘻皮笑脸地打趣我们女生患了“巨人症”。有几个讨厌的男生还闭了眼，说我们穿起短裙，他们看不惯。

选自《女生日记》

J. 卫生间里有一面很大的镜子，站在浴盆里能照见全身，最近我特别爱照镜子，是因为我对我的身体特别感兴趣。我发现我的身体每天都在发生着微妙的变化。

热腾腾的水汽把光滑的镜面蒙住了。我站在浴盆里，只能隐隐约约地看见一个白色的身影。我光脚踩在地板上，用浴巾擦去镜子上的水汽，镜子里立即清晰显现出我的身体来。

我最关注的是我的乳房，仍是疼，像两个硬硬的小桃子。大腿长粗了，小腿鼓鼓的，腰似乎比以前细了一些。总之，身体胀胀的已有了曲线，再也不是那种没发育的平直的小女孩身材了。

选自《女生日记》

K. 望着烛光里的爸爸，我想起小时候的一件事。那

是我五岁的时候，去参加小姨的婚礼。看着小姨穿着雪白的婚纱，好漂亮哦！我就嚷着要爸爸给我买婚纱。爸爸说婚纱是结婚穿的。我说我也要结婚。大人们都来逗我，问我跟谁结婚？我说跟我爸爸结婚。大人们笑呀笑呀，一直笑了我好几年。虽然长大以后，我也觉得这是一件可笑的事情，但是有一点是不能动摇的，就是如果我今后要结婚的话，一定要找一个像我爸爸这样的人结婚。所以，不论班上的女同学一会儿迷郑伊健，一会儿又迷苏有朋，我都无动于衷，因为我坚定不移地认为世界上最有魅力的男人就是我爸爸。

选自《女生日记》

L.“什么？”戴安反应很快，明白艾薇说的是胸罩，“哦，是我小姨硬要我戴的。”

戴小竹是软硬兼施，一天到晚在戴安的耳边念叨胸

罩的好处：什么保护乳房啦，什么矫正乳房的形状啦……听得戴安头皮发麻。戴安说，她讨厌乳房。小姨却说，乳房是女人身体最美的部位。

在戴安的词典里，"女人"微不足道。她是怕极了戴小竹再在她耳边念叨"乳房"，才强迫自己戴上胸罩的。像她们这种年纪的女生，已经开始戴胸罩了。艾薇特别喜欢观察人家的后背，看有没有戴胸罩的印迹，她是这么想的：戴了胸罩就开始成为女人了。

选自《假小子戴安》

M.如果时光能再回到两年前，甚至一年前，我还是那个没有发育的小女孩，在这样明媚的天气里，我一定翻箱倒柜，把我的连衣裙找出来，穿了这一条花的，再穿那条粉的，还有蓝的，白的……哪怕小腿儿冷得打哆嗦，也要提前把裙子穿出去。

现在，像我这样开始发育的女孩子都很怕夏天的到来。气温已在25℃以上了，可我还不敢穿单衣，无论怎么热，我的衬衣外面总套着一件宽大的外套，背还不敢挺直，总是含着胸。

昨天晚上，妈妈给了我两件用白棉布做的小衣服，胸前有两个小碗碗，妈妈说，这是贴身穿的胸衣，我已经到了该穿胸衣的时候了。

选自《女生日记》

N. 上学的路上，我老觉得有人在看我，是不是他们都看出我穿胸衣了？四下瞧瞧，人们来去匆匆，各人忙各人的，谁管你穿什么？

来到学校，班上那几个“同病相怜”、也开始发育的女生一下子就看出我的不同来，都悄悄问我是不是戴“胸罩”了？当她们知道我穿的是棉布做的背心式胸衣时，都羡慕得不得了。特别是莫欣儿，忙问我是在哪儿买的，她也要去买。当我告诉她这是妈妈专门请人定做的时候，莫欣儿神情黯然，悲哀地说道：“还是有妈妈好啊，我是穿不上这样的胸衣了。”

选自《女生日记》

O. 卫生纸上有一缕淡淡的红痕，我马上意识到我的月经来了。

就在这一刹那，我已经从小女孩变成了少女。

看着镜子里的我，1.60 米高的个子，身体已有了好看的曲线，但脸仍然还是一张充满了稚气的娃娃脸。

看着看着，两行泪水沿着脸颊流下来。不是高兴的泪，也不是伤心的泪，因为我现在的心情矛盾极了，既想做永远长不大的小女孩，又想立刻长大成为美丽的女人。

选自《女生日记》

P. 哟，真的，瞧我这记性。我看见小雅今天进了一大包卫生巾，就说："你看我三十元钱能买多少包卫生巾，我全买成卫生巾。"

小雅赶紧把我拉到一边，悄悄问道："你'那个'了？"

我摇摇头。

"那你买卫生巾干什么？"

"我觉得我快了，你瞧我个子长得这么快，乳房也开始胀痛了，这都是月经来潮的征兆，所以我应该买一些卫生巾预备着。"

小雅在听我说话的时候，嘴张得圆圆的，眼睛也瞪得圆圆的。

选自《女生日记》

Q. 有一次，艾薇问戴安，有什么办法可以管住自己的眼睛。

戴安不明白艾薇到底想说什么。

"为什么上课的时候，我的眼睛老要看李小俊？"

"你喜欢李小俊？"

戴安感到震惊，也感到生气，莫名其妙地生气。她甚至恶狠狠地问艾薇："要不要我帮你把这个信息传递给李小俊？"

"不要告诉他！"艾薇并不知道戴安的心里是怎么想

的，她对戴安说的都是心里话，“我心里知道喜欢他就行了。”

艾薇还让戴安为她保守秘密，戴安点头的时候，心里很难过。

选自《假小子戴安》

R.“这么好的地方，你怎么不约李小俊去？”

说了这话，戴安就有些后悔。她知道她现在对艾薇，不够真诚，不够厚道。

艾薇却是一副厚道的样子：“我只会在心里喜欢他，我永远不会告诉他。”

戴安不会跟艾薇去“祖母的厨房”，她怕艾薇跟她在一起，会一直喋喋不休地说李小俊，会把她说得心烦意乱。

戴安越来越频繁地怀念从前的日子，那时她和艾薇多好啊！为了艾薇不受男生的欺负，她甘愿当艾薇的“护花使者”，愿意为艾薇打架，愿意为艾薇做一切——哪怕人家把她和艾薇称为“美女和野兽”……那时，没有现在这么多的烦恼。

选自《假小子戴安》

S.“艾薇，你说戴安和男生在一起的时候，男生会不会把她当女生？”

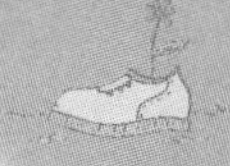

在戴安给艾薇当“护花使者”的时候，艾薇也不把戴安当女生。但自从那次暑假到戴安家去，她看见戴安穿着背心的肩带边，还露出一条胸罩的肩带，就从那时起，戴安在她心目中，就是一个真正的女孩子了。而艾薇自己，十三岁了还没来月经，胸脯也是平平的，她觉得跟戴安相比，戴安比她更像女孩子。

艾薇虽然羡慕戴安已经开始戴胸罩，却没有一点点嫉妒的意思。但当她把这个秘密告诉罗莉娜时，罗莉娜嫉妒了，因为她的胸脯也还没有发育，但她却戴了一个塞了海绵垫的胸罩。

“要戴胸罩还不容易？”罗莉娜怂恿艾薇，“你去买一个来戴。”

“我？”艾薇脸红了，“我还没有，怎么戴呀？”

罗莉娜在艾薇耳边悄声说道：“如果你的胸脯平平的，男生们会觉得你一点女性的魅力都没有。”

艾薇恍然大悟，她明白了罗莉娜不算胖的身体，为什么胸脯鼓鼓的。

选自《假小子戴安》

戴安无动于衷。她面无表情，像一个任人摆布的木偶。

戴小竹一巴掌拍在戴安的背上："别老窝着胸！"

戴安挺直了背，微微隆起的、圆圆的乳房在打着褶皱的衣服里若隐若现。

"戴安，你已经是大姑娘了，该戴胸罩了。"

戴安明白戴小竹话里的意思。几个月前，她来了月经，来了月经的女孩子就不是小姑娘了。去年暑假，她的胸部还像男孩一样平坦，今年暑假，胸前便隆起两个像小圆面包一样的东西。这样的身体变化，给戴安带来了很大的心理变化。她不安、恐惧、焦躁。在这之前，她是喜

欢和男孩子在一起的，因为她个子高，还习惯把手随意地搭在哪个男生肩上。自从那一天开始，她跟男生在一起，在心理上便有了异样的感觉。当戴小竹知道她来了月经，激动得紧紧握住她的双手："戴安，记住这一天：你的心情，你的感觉。记住它的美好。"可是，戴安记忆中的这一天，她的心情糟糕极了，她的感觉矛盾极了。这一天在戴安的记忆里，一点都不美好。

选自《假小子戴安》

U."现在给你们上这样的课正是时候。"罗老师说，"我记得这学期开学第一天，男生们不是说女生都患了'巨人症'，你们知道女生为什么在这个时期长得特别快吗？那是因为十一二岁的女孩已经开始发育，进入了青春期。青春期少女是女性发育过程中变化最大的阶段，也是生长发育的关键时期。而在这个关键时期，女孩子要面临的关键问题是月经来潮。"

罗老师说到这里的时候，女生们的脸都微微发红，把头低了下去。而男生们则有的东张西望，做出并没有在听的样子；有的用手指塞住了自己的耳朵。

乔丹高举起一只手。

罗老师问："你有什么事吗，乔丹？"

"罗老师，你讲的都是女生的事，我们男生是不是回避一下？"

“不，你们不能回避。”罗老师很坚决地摇了摇头，“我讲的跟你们都有关系。”

男生们窃笑：“嘻嘻，跟我们会有什么关系？”

“当然有关系。”罗老师说，“因为你们的妈妈是女性，你们的亲人里有女性，所以你们不仅要听，而且要好好地听。还有，我希望女生都把头抬起来，这没什么不好意思的，这是每一个女孩子都要经历的，我也经历过，你们的妈妈也经历过。”

选自《女生日记》

图书在版编目（CIP）数据

杨红樱作品好词好句好段.叙事篇/杨红樱著；李虹编.北京：作家出版社，2007.6

ISBN 978-7-5063-4011-3

Ⅰ.杨… Ⅱ.①杨…②李… Ⅲ.作文课-中小学-教学参考资料 Ⅳ.G634.343

中国版本图书馆 CIP 数据核字（2007）第 090868 号

杨红樱作品好词好句好段:叙事篇

作者：杨红樱

编者：李　虹

责任编辑：王淑丽

装帧设计：张晓光

版式设计：艾林视觉·陈默 ailincc@yahoo.com.cn

出版发行：作家出版社

社址：北京农展馆南里 10 号　　**邮码**：100026

电话传真：86-10-65930756（出版发行部）

86-10-65004079（总编室）

86-10-65015116（邮购部）

E-mail：**zuojia@zuojia.net.cn**

http://**www.zuojia.net.cn**

印刷：清华大学印刷厂

成品尺寸：145×198

字数：80 千

印张：7.5　　**插页**：2

印数：001-80000

版次：2007 年 7 月第 1 版

印次：2007 年 7 月第 1 次印刷

ISBN 978-7-5063-4011-3

定价：17.00 元